和えもの 春夏秋冬

ワタナベマキ

はじめに

日々、市場やスーパーなどに通っていると、
野菜やくだものから季節の移り変わりを感じることができます。
季節の食材を見て「何を作ろう」と考えたとき、
まず頭に浮かぶのが「和えもの」です。

さまざまな調理法のなかでも、季節感があり、
食材の味や風味を感じやすいところが
「和えもの」の魅力だと思います。

食感を生かして、さっと和える。
少ない調味料で、素材の味を引き出す。
そういうシンプルな作り方が私は好きです。

そこに酸味や薬味、スパイスなどで香りをプラスすると、
口に広がる味わいが複雑になるのも「和えもの」の楽しさです。

この本では、素材に少し調味料を加えただけの
本当にシンプルな「和えもの」から、
フルーツやスパイス、香味野菜や肉・魚介を加え、
奥行きやボリュームを出した「和えもの」までご紹介しています。

基本的に作り方はどれも簡単です。
素材の水けをしっかりきって和えたり、

食感を生かしたものは和えたてを食べたりなど、
ちょっとしたコツはありますが
どんなときでもさっと作れることも、「和えもの」の魅力です。

「和えもの」のひと皿には、美味しい季節の味が詰まっています。
いつもの「和えもの」に、新しい「和えもの」に。
この本でみなさまの食卓が豊かになる味をお届けできたら嬉しいです。

美味しい和えものを作るために

素材を調味料で和えるだけで作れる「和えもの」。本当にシンプルな料理ですが、美味しく作るためにはちょっとしたコツがあります。

私が考える「和えもの」のポイントをご紹介いたします。

食感を大切にする

和えものにとって、食感はとても重要な要素。
シャキシャキ、ポリポリ、サクサクなど、
口に入れたときの感触を想像しながら、
切り方は繊細かつ均一に。
食材に火を入れるときも、
ゆでるときは歯ごたえを残すように、
揚げたり焼いたりするときは、
カリッとさせるように心がけます。

水きりはしっかりと

水で洗ったり、ゆでたり、塩もみした食材に水分が残っていると、
味がぼやけて食感が損なわれます。
キッチンペーパーなどを活用して、余分な水けを事前にのぞいて。
料理によっては和えたあと水分が出るものもあるので、
基本は食べる直前に和えるようにしましょう。

調味料はシンプルに

「和えものは、季節の素材を楽しむ料理」と
私は考えているので、
調味料は少なめに、素材の味を引き立てる加減で加えます。
その代わり、使う調味料はできるだけ
昔ながらの製法で作られた、上質なものを選びます。
そうすると少量でも、満足する味に仕上がります。

香りを効かせて

この本で紹介する和えものの多くは、
香味野菜やハーブ、スパイスといった
「香り素材」を加えています。
香りを入れることで食をそそり、
シンプルな調理法である和えものにも、
味にメリハリが生まれます。
同じ素材の和えものも、
香り要素を変えるだけで違う味わいに。

和えもの　春夏秋冬　もくじ

冬の和えもの

季節の白和え…64

季節の和えご飯…68

この本の決まりごと

- 大さじ1は15㎖、小さじ1は5㎖、1カップは200㎖、1合は180㎖です。
- 塩は自然塩を使っています。味噌は商品によって塩分濃度が違うので、加減しながら加えるようにしてください。
- 黒酢は米を原料とした日本製のものを、オリーブオイルはエクストラバージンオリーブオイルを使用しています。
- 調理時間はあくまで目安に、気温や素材の状態によって調整してください。

春の和えもの

キリリと寒い冬を乗り越えてきた春の素材は、
瑞々しくて香りも強く、芽吹きのエネルギーを感じます。
和えものを作るときも、この勢いをそのまま体内に取り込むような、
シンプルな組み合わせや味つけがおすすめです。
山菜類や菜花など、独特なほろ苦さがある食材も多く、
こういった繊細な風味は、時間が経つにつれ失われてしまうので
調理はさっと手早く、軽やかに仕上げましょう。

筍《たけのこ》と浅蜊《あさり》の木の芽和え

山の幸である筍と、海の幸のあさりを組み合わせた
春の到来を存分に楽しむ和えものです。
筍は根元に近いほど固くなるので、
そちらは煮ものやご飯に。
和えものには
穂先のほうを使うのがおすすめです。
旬のあさりは、ふっくら大ぶりなものが
出回るのが嬉しい。
あさりの蒸し汁を
和え衣に活用するのがポイントです。

筍は切られてから時間が経つほど
えぐみとアクが強くなるので、
買ったその日に調理しましょう。
皮ごとゆでることで、
うま味を逃しません。

材料（2～3人分）
筍（小）…1本（300g）
あさり（砂出ししたもの）…150g
木の芽…10～15枚
酒…50㎖
A
- 米ぬか…1/2カップ
- 赤唐辛子…1本

B
- 白味噌…大さじ2と1/2
- しょうゆ…小さじ1
- 塩…小さじ1/4

作り方

1 筍は皮ごとよく洗い、根元を幅1㎝ほど切り落とす。穂先を斜めに切り落とし、縦に深さ1㎝ほど切れ目を入れ、鍋に入れる。

2 **A**、かぶるくらいの水を加え、中火にかける。煮立ったら弱めの中火にし、50～60分ほどゆでる。根元に竹串を刺し、すっと通るくらいになったら火を止めてそのまま冷まし、皮をむく。

3 **2**を穂先と根元に切り分け、穂先は縦に薄切りにし、根元は4等分に切り、薄切りにする。キッチンペーパーで水けを拭く。

4 鍋にあさり、酒を入れて中火にかける。煮立ったらふたをして弱火にし、あさりの口が開くまで2分ほど蒸す。

5 すり鉢に木の芽、**B**、**4**の蒸し汁大さじ2を入れ、すり混ぜる。

6 **3**を加えて和え、器に盛り、蒸したあさりを添える。

山椒の新芽、木の芽は
葉柄が固いので、
取りのぞくとすりつぶしやすいです。
この和えものはぜひ、
すり鉢を使って作ってください。

うるいとブリーチーズの甘夏和え

春の山菜の中でも、アクやえぐみが少なく、調理が手軽なうるい。ゆでて食べるのもいいですがやわらかいものは、生でも美味しく食べられます。熟成が浅めの、マイルドな味わいの白かびチーズと独特のほろ苦さがある甘夏で、サラダのような和えものに。チーズはクセが強すぎないほうが、うるいの美味しさが際立ちます。

名前に「夏」の字が入っていますが、甘夏の旬は3月から5月にかけて。おだやかな酸味で、甘味があり、果汁も多いのが特徴です。

材料（2～3人分）
うるい…8本
ブリーチーズ…100g
甘夏…1個
A
- ホワイトバルサミコ酢…小さじ2
  ※なければ白ワインビネガー小さじ1で代用
- レモン汁…少々
- 塩…小さじ1/3

オリーブオイル…大さじ2

作り方

1 うるいは根元を少し切り落とし、食べやすい長さに切る。ブリーチーズは手で2cm角にちぎる。甘夏は皮と薄皮をむく。

2 ボウルに**1**、**A**を入れ、和える。オリーブオイルを加えてさっと和え、なじませる。

東北地方で古くから山菜として親しまれてきたうるい。シャキッとした食感で、茎のほうに独特のぬめりがあります。

鯛《たい》とハーブのラープ

春に人を招いたときなどによく作る、わが家の定番料理です。
「ラープ」とは、魚醤と柑橘を効かせたラオスやタイのサラダ。
春に旬を迎える鯛は、「桜鯛」と呼ばれるそうで
味わいはもちろん、白とピンクの淡い色合いも魅力。
ハーブはそのとき手に入るものを、好みで取り合わせて。
本当に簡単に作れますが、食卓に出すと必ず喜ばれる一品です。

材料（2～3人分）
鯛（刺身用さく）…200g
香菜…80g
ミント…15g
ディル…4本
A ┌ しょうが（みじん切り）…1片分
　 │ ナンプラー…大さじ1
　 └ レモン汁…大さじ2
オリーブオイル…大さじ2

作り方
1 鯛はキッチンペーパーで水けを拭き、2cm角に切る。
2 香菜、ディルは2cm長さに切り、葉を摘んだミントと合わせる。
3 ボウルに**1**を入れて**A**を加えてなじませ、**2**、オリーブオイルを加え、さっと和える。器に盛り、好みで塩（分量外）を散らす。

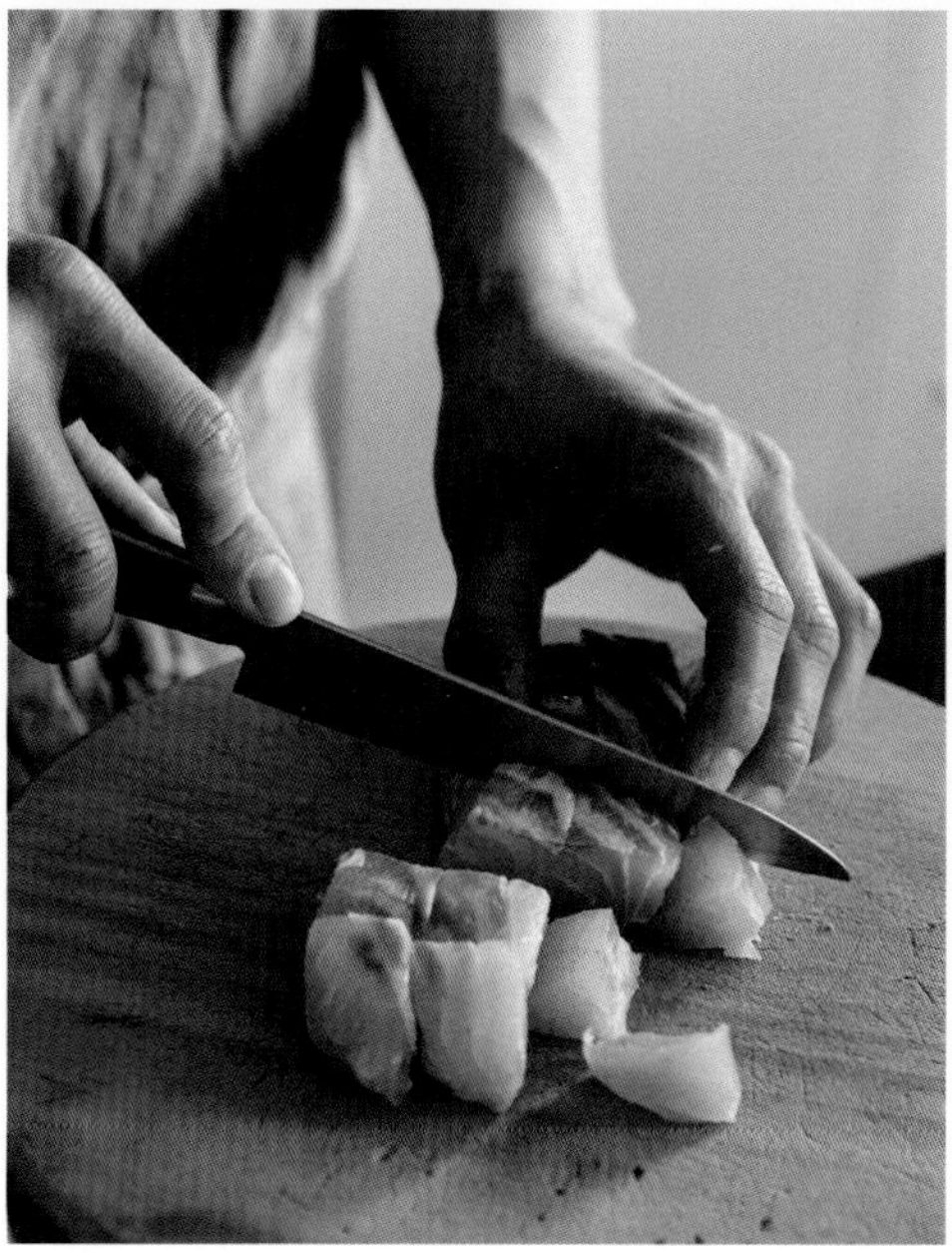

まず鯛にしっかり味をつけてから、
ハーブとオイルを加えます。
鯛が手に入らない場合は、
すずきやひらめなどで作っても大丈夫です。

ホワイトアスパラガスのフライドエッグ和え

春の初めは佐賀など九州から、5月には北海道から。
国産のホワイトアスパラも、近ごろ手に入りやすくなった素材です。
トロリとした卵の黄身がソース代わりになる、
シンプルだけど贅沢な和えもの。
アスパラをゆでるときに、しっかり下味をつけるのがコツ。
1本まるごとのままサーブして、旬の味わいを楽しみます。

アスパラガスは
時間が経つと固くなるので、
買ったらすぐに調理を。
ピーラーでむいた皮も一緒にゆでると、
香りがよくなります。

材料（2～3人分）

ホワイトアスパラガス…6本
卵…1個
白ワイン…80㎖
塩…小さじ1
オリーブオイル…大さじ1と1/2

作り方

1 アスパラガスはピーラーで固い部分の皮をむき、根元を切り落とす。皮はとっておく。

2 フライパンに2カップの湯を沸かし、白ワイン、**1**と皮、塩、オリーブオイル大さじ1を加えてひと煮立ちさせる。ふたをしてさらに6～7分ゆでる。アスパラガスに竹串を刺し、すっと通るまで火が通ったら取り出し、水けをきって器に盛る。

3 さっと洗って拭いたフライパンに残りのオリーブオイルを入れて中火にかけ、卵を割り入れ、黄身が半熟の両面焼きを作る。

4 **2**に**3**をのせ、塩とオリーブオイル各少々（ともに分量外）をふり、卵をくずして和えながら食べる。

アスパラガスの実山椒和え

カロテンやビタミン類が豊富で、疲労回復にも効くアスパラガスはヨーロッパでは春の訪れを告げる野菜として知られているとか。年中手に入りますが、春採りのやわらかさは格別です。

1本まるごとを縦半分に切り、さわやかな山椒オイルとからめました。

材料（2人分）

グリーンアスパラガス（太めのもの）…5本

実山椒（水煮）…大さじ2

酒…大さじ1

A
- 塩…小さじ1/3
- ごま油…大さじ2

作り方

1 アスパラガスはピーラーで根元の固い部分の皮をむく。

2 フライパンに湯を沸かし、酒と塩小さじ1/2（分量外）を加え、**1**を根元から先に入れる。40秒ほどゆでたら穂先まで入れ、さらに1分ゆでてざるに上げる。

3 実山椒は粗く刻み、**A**と合わせる。

4 **2**を縦半分に切り、**3**を加えて和える。

グリーンピースのバター和え

グリーンピースとは植物名ではなく、熟す前のえんどう豆のこと。
青みのある独特の風味は、春を代表する味覚のひとつ。
この美味しさをストレートに味わう方法を考えました。
バターは後から半分追加することで、フレッシュなコクを味わえます。
冷めるにつれて豆に皺が寄るので、できたてをどうぞ。

材料（2～3人分）
グリーンピース（生／さやごと）…300g
にんにく（つぶす）…1/2片
白ワイン…80㎖
バター…20g
塩…小さじ1/2
黒粒こしょう…少々

作り方

1 グリーンピースはさやから実を取り出してさっと洗う。粒こしょうは包丁で粗く刻む。

2 フライパンにグリーンピース、にんにく、白ワイン、バターの半量、塩を入れて中火にかける。煮立ったら弱火にし、ふたをして8分ほど蒸し煮にする。

3 ふたを開け、残りのバターを加えてなじませる。器に盛り、粒こしょうをふる。

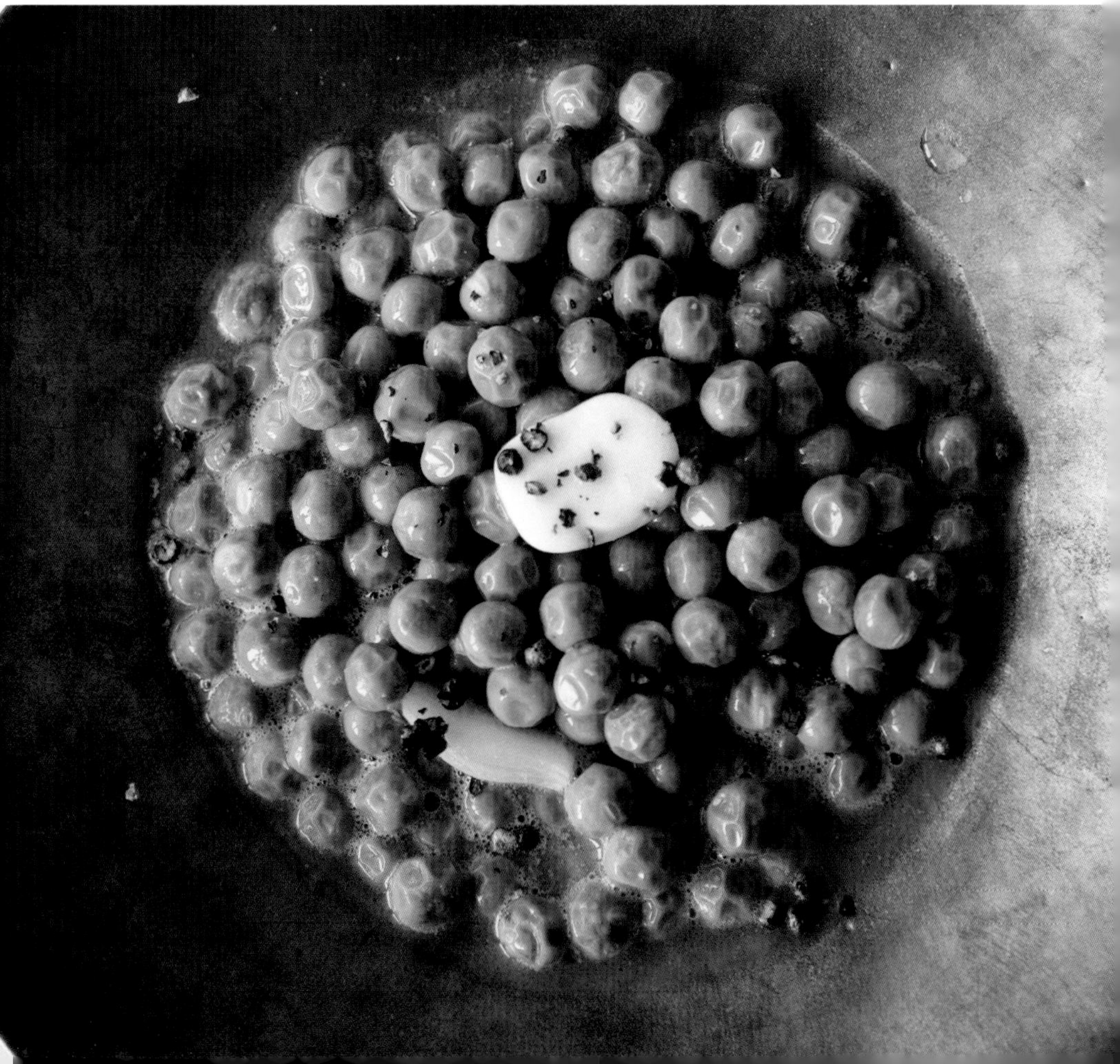

新じゃがと空豆の柚子こしょう和え

新じゃがと空豆、どちらもホクホクとしたうま味が魅力の春素材。甘味が強い同士の組み合わせなので、キリリとした柚子こしょうをアクセントにしてみました。空豆は揚げると、薄皮ごと食べられるようになります。友人が「お酒泥棒」と呼んだ、ビールによく合う一品です。

材料（2〜3人分）
新じゃが芋…10個
空豆（さやごと）…300g
揚げ油…適量
オリーブオイル…大さじ1
A ┌柚子こしょう…小さじ1と1/2
　 └黒酢…大さじ1

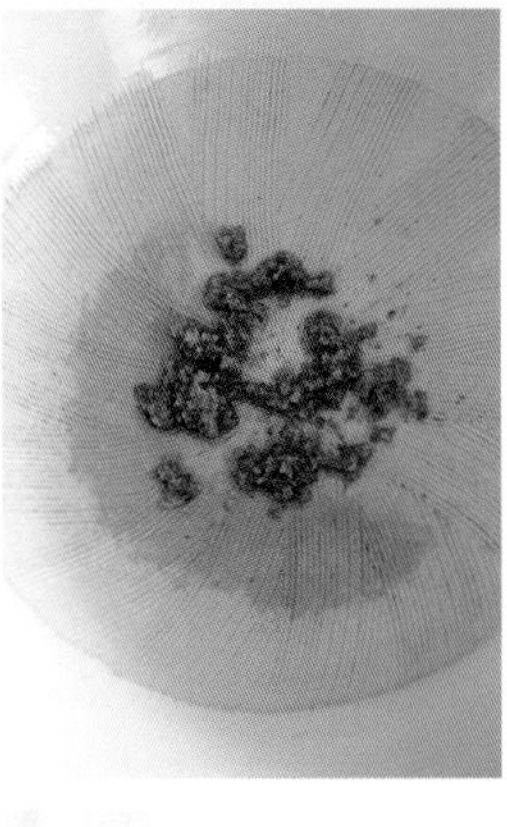

作り方

1 じゃが芋はよく洗い、皮つきのまま半分に切る。空豆はさやから実を取り出し、楊枝で穴をあける。

2 鍋に揚げ油とオリーブオイル、じゃが芋を入れ、中火にかける。泡立ったら混ぜながら、じゃが芋がやわらかくなるまで7〜8分揚げる。空豆を加え、さらに1分揚げる。

3 ボウルに**A**を入れてよく混ぜ、油をきった**2**を加えて和える。

揚げ油にオリーブオイルを加えると、風味に奥行きが生まれます。

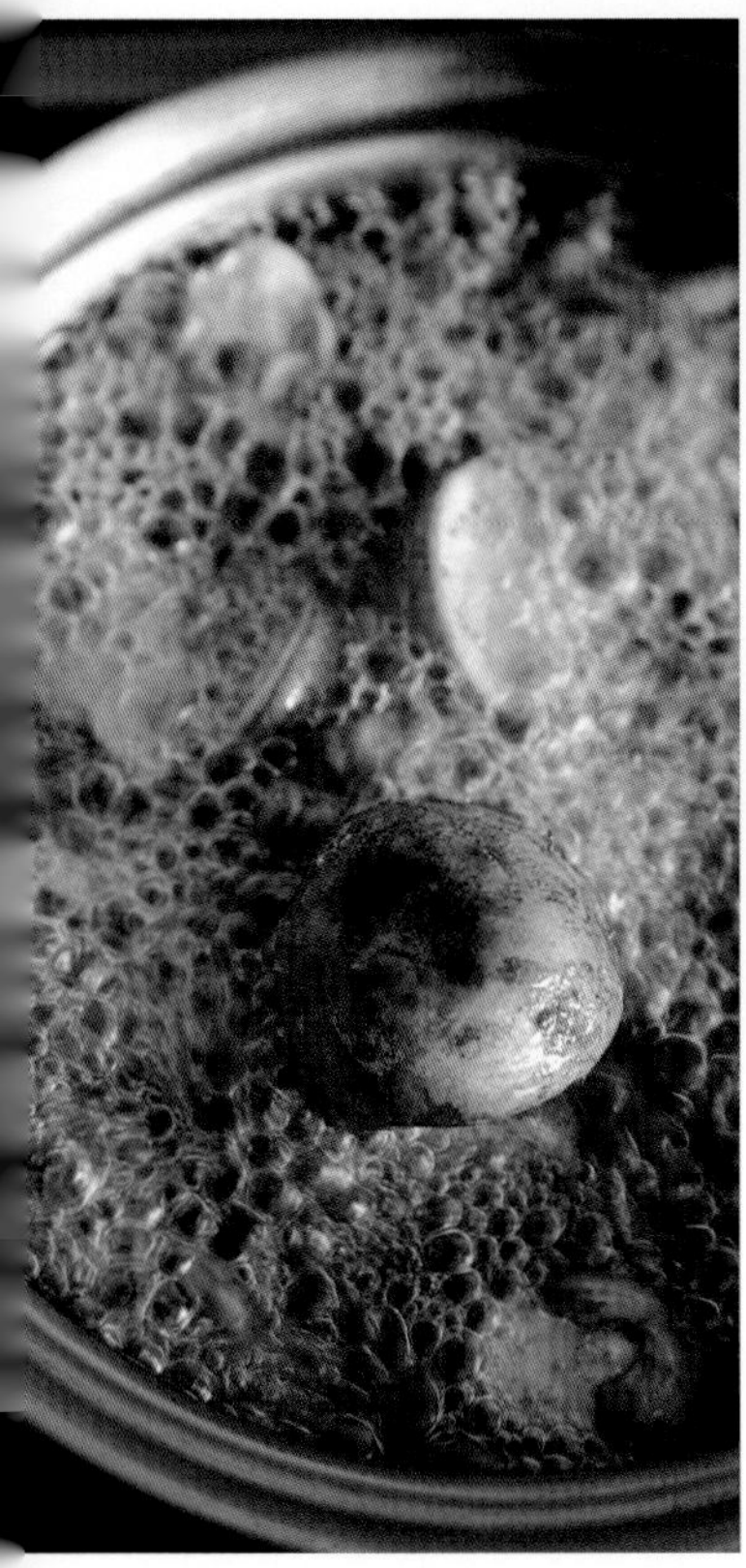

スナップえんどうと豚しゃぶの山葵《わさび》和え

さやごと食べられるスナップえんどうは
やさしい甘味があり、パリッとした食感が魅力。
縦にさくと見た目も愛らしく、食卓が華やぎます。
生の山葵は「1本使いきるのが難しい」という声もありますが
すりおろさず、せん切りにすると辛味もやわらぐので、
こんな風に和えものに活用する方法を覚えると便利です。

材料（2人分）
豚ロースしゃぶしゃぶ用肉…120g
スナップえんどう…12本
生山葵…30～40g
酒…大さじ1
塩…小さじ1/4

A ［黒酢…大さじ1
　 しょうゆ…大さじ1

作り方

1 スナップえんどうは筋を取る。生山葵は皮をむいてせん切りにし、水に5分ほどさらす。キッチンペーパーで水けを拭く。

2 沸騰した湯に塩を入れ、スナップえんどうを40秒ほどゆでてざるに上げる。粗熱がとれたら縦にさく。

3 同じ湯に酒を加えて豚肉を1枚ずつ入れ、肉の色が変わるまでゆで、ざるに上げ、水けをしっかりきる。

4 ボウルに**3**、生山葵、**A**を入れて和え、**2**を加え、さっと和える。

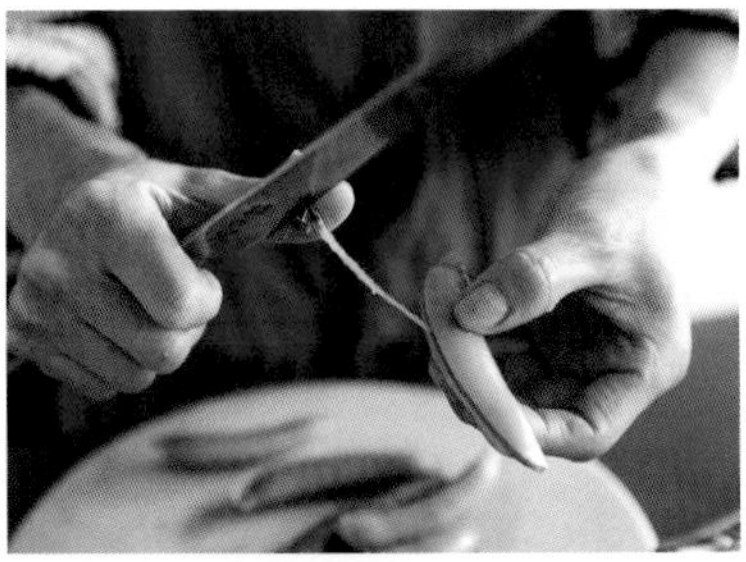

スナップえんどうの筋は、包丁でヘタを落とす流れでひっぱるようにすると、スルリと取れます。

山葵は
張りとツヤのある緑色で、
持ったときに
しっかり重さを感じるものを選んで。
手に入れたら、できるだけ
早く食べ切りましょう。

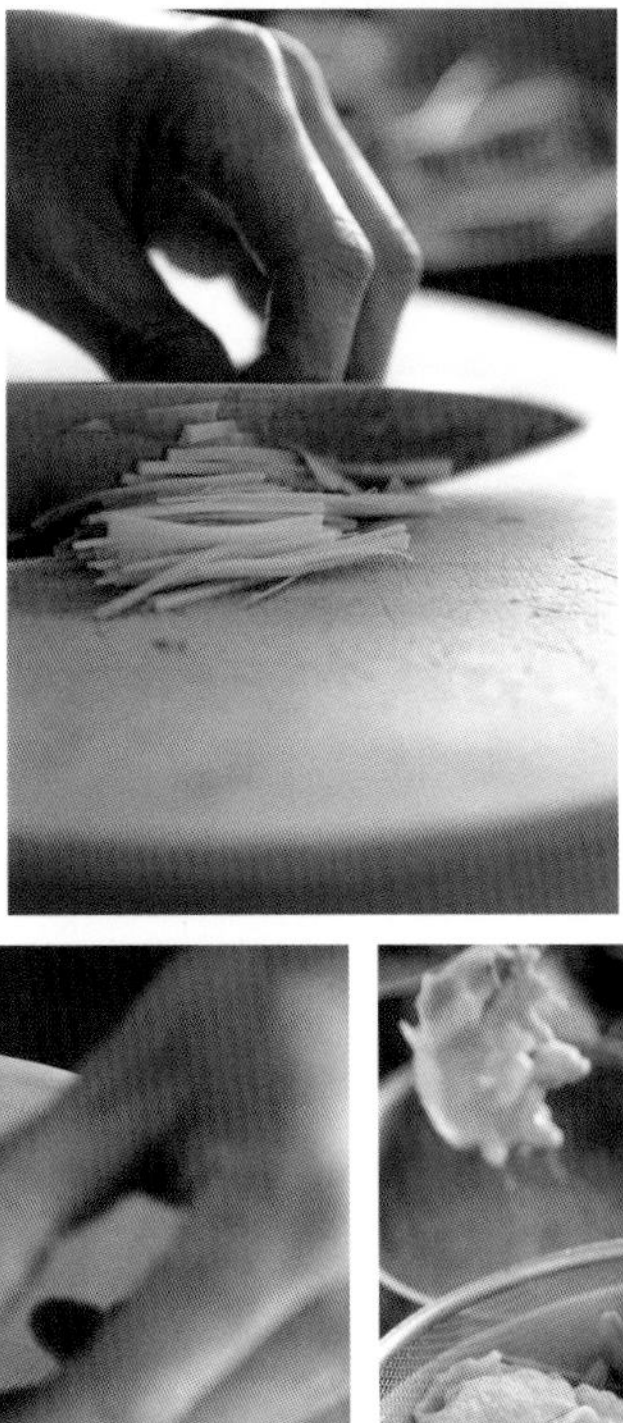

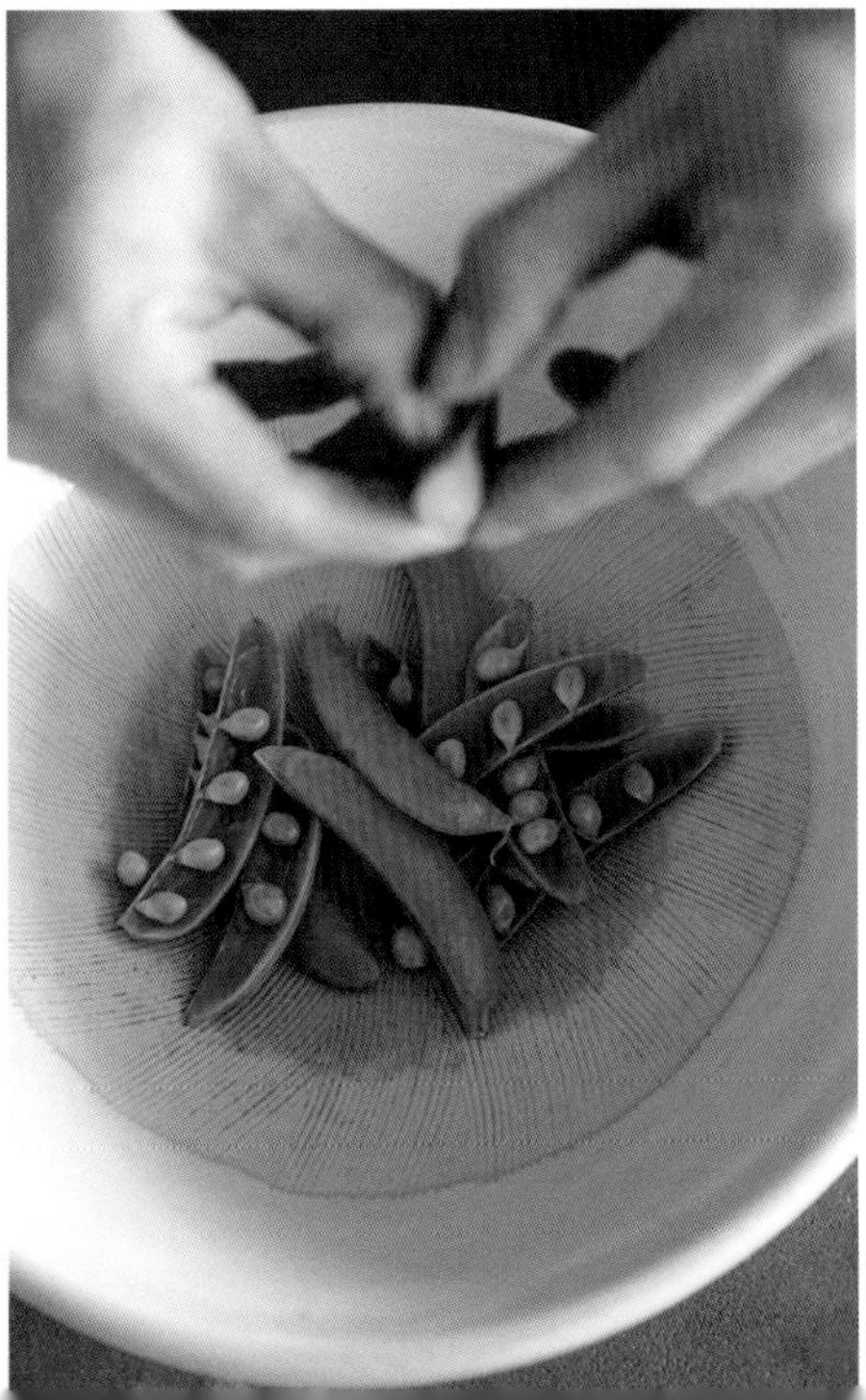

新玉ねぎと豚ひき肉の豆豉《トウチ》和え

普通の玉ねぎより瑞々しく、甘味が強い新玉ねぎは辛味が少ないので、生でもたっぷりと食べられます。シャキシャキとした食感が楽しい一品。豆を発酵させて作る中国の調味料・豆豉で味つけした肉味噌を熱々のうちにふりかけ、からめていただきます。

作り方

1 新玉ねぎは縦に薄切りにして水に3分ほどさらし、水けをきってキッチンペーパーで拭く。細ねぎは3～4cm長さの斜めに切り、新玉ねぎと合わせ、器に盛る。

2 フライパンにごま油、しょうがを入れて中火にかけ、香りが立ったら、粗く刻んだ豆豉と豚ひき肉を入れ、炒め合わせる。

3 **A**を加えて汁けがなくなるまで炒め、**1**にかけ、唐辛子をふる。和えながら食べる。

材料（2人分）

- 新玉ねぎ…1個
- 細ねぎ…3本
- 豚ひき肉…150g
- しょうが（みじん切り）…1片分
- ごま油…小さじ2
- 豆豉…大さじ1
- **A** 紹興酒…大さじ2
  - 塩…小さじ1/4
- 粗挽き赤唐辛子…適量

苺とリコッタのバルサミコ和え

イタリア原産のフレッシュチーズ・リコッタは、脂肪分が少なく、ヨーグルトのようなさっぱりとした味わい。苺は大ぶりな甘いもの、小粒できゅっと酸味が立ったもの、どちらで作っても美味しいです。バルサミコ酢は煮詰めるとぐっと濃厚になり、極上のソースに。3つの素材を取り合わせた、デザートのような和えものです。

苺は身がぎゅっと締まった、固めのものを選びましょう。水に放つときはヘタごと入れ、水けをやさしく拭いて使います。

材料（2人分）

苺…10個

リコッタチーズ…100g

バルサミコ酢…80㎖

塩…小さじ1/2

オリーブオイル…大さじ1

作り方

1 苺はヘタを取り、縦半分に切る。

2 小鍋にバルサミコ酢を入れて中火にかけ、2/3量になるまで煮詰め、冷ます。

3 器にリコッタチーズと和えた**1**を盛り、塩をふり、**2**、オリーブオイルをまわしかける。

菜の花と新若布《わかめ》の梅和え

新若布の収穫時期は春。ほんの短い期間しか出回りません。同じく旬の短い菜の花と合わせて、味つけも最小限の和えものに。新物は驚くほどやわらかく、香りもいいので、「少し多めかな?」と思うくらいたっぷりと使いましょう。普段は気付かない甘味やうま味が感じられるはず。そこに菜の花のほろ苦さが加われば、極上の一品になります。

材料(2人分)

菜の花…1束
新若布…120g
梅干し…2個
塩…小さじ1/4
しょうゆ…小さじ1
白炒りごま…小さじ2

作り方

1 菜の花は根元を少し切る。

2 沸騰した湯に塩を入れ、**1**の根元を先に入れ、30秒ほどゆでたら葉先も入れ、さらに30秒ゆでてざるに上げる。水けをしっかりきり、キッチンペーパーで拭く。食べやすい長さに切る。

3 湯を替えて再び沸騰させ、若布を入れて30秒ほどゆでてざるに上げる。食べやすい大きさに切り、キッチンペーパーで水けを拭く。

4 梅干しは包丁でたたいてボウルに入れ、しょうゆと合わせる。

5 **4**に**2**を加えて和え、**3**、白炒りごまを加えてさっと和える。

菜の花はつぼみが開いていないもの、
切り口がしなびていないものを。
ビタミン類や鉄分も豊富な、
栄養面でも優秀な素材です。

褐色がかった新若布は、
さっと湯通しすると、
鮮やかな緑色に変わります。
傷むのが早いため、
買ったその日に調理しましょう。

独《う》活《ど》とグレープフルーツの甘酢和え

さわやかな香りとシャキシャキとした歯ごたえ、
春の勢いをそのまま体に取り込んだような味わいが心地いい独活。
この料理は母の定番料理のひとつで、私も春が来るたびに
「あの味が食べたいな」とくり返し作る、大好きなひと皿です。
白ワインビネガーまたはホワイトバルサミコ酢とオリーブオイルで
洋風に仕上げても美味しいです。

材料（作りやすい分量）
独活…1本
グレープフルーツ…1個
酢…大さじ1
A
- 酢…大さじ1と1/2
- 砂糖…小さじ1/2
- 塩…小さじ1/3

作り方

1 グレープフルーツは皮と薄皮をむき、食べやすい大きさにさく。

2 独活は4cm長さに切り、皮を厚めにむく。縦に薄切りにし、水2カップに酢を入れた酢水に2分ほどさらし、キッチンペーパーで水けを拭く。

3 ボウルに**1**、**2**、よく混ぜた**A**を入れて和え、なじませる。

厚めにむいた外側の皮はとっておき、
お味噌汁やきんぴらなどに活用しましょう。
穂先は天ぷらがおすすめです。

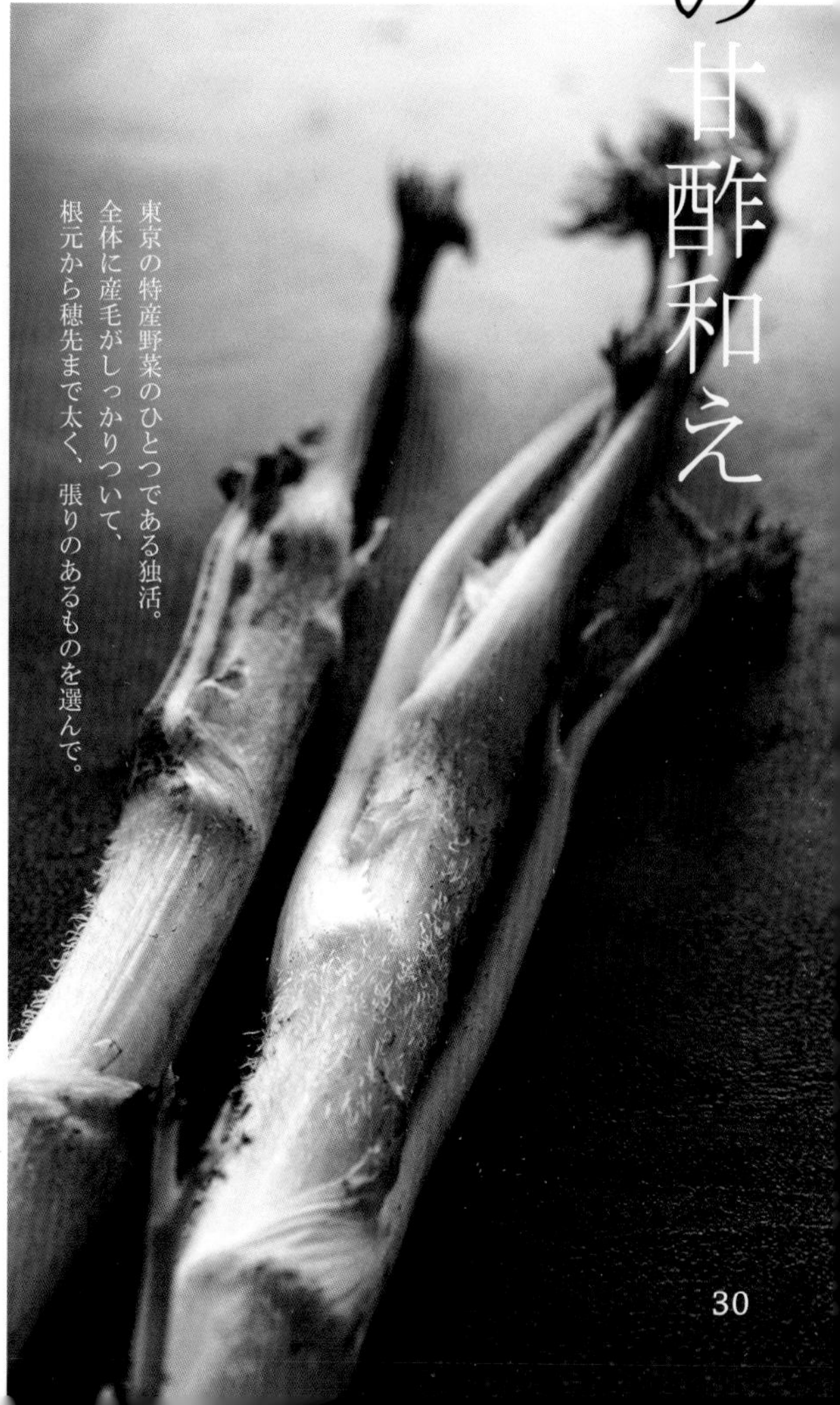

東京の特産野菜のひとつである独活。
全体に産毛がしっかりついて、
根元から穂先まで太く、張りのあるものを選んで。

絹さやと鶏ささみのナムル

切らずにさやごと食べることの多い絹さやですが、
せん切りにすると、シャキッとした歯ごたえが際立ち新鮮です。
春野菜は口当たりが軽いので、モリモリたくさん食べたくなりますね。
絹さやは味が入りにくい野菜なので、
肉のほうにしっかり味をつけておくのがコツです。

材料（2人分）

- 絹さや…100g
- 鶏ささみ…3本
- 酒…大さじ1
- **A**
  - 塩…小さじ1/3
  - ごま油…小さじ2
- 黒炒りごま…小さじ1

作り方

1 絹さやは筋を取る。鶏ささみは筋を取る。

2 沸騰した湯に塩小さじ1/4（分量外）を入れ、絹さやを40秒ほどゆでてざるに上げ、水けをきる。斜めにせん切りにする。

3 同じ湯に酒を加えて鶏ささみを入れ、1分半ゆでて火を止め、湯につけたまま冷ます。粗熱がとれたら水けを拭き、手で細くさく。

4 ボウルに**2**、**3**、**A**を入れて和え、黒炒りごまをふる。

蛍《ほたる》烏賊《いか》のピストウ和え

「ピストゥ」とはフランスのバジルソースのこと。春を代表する魚介、ほたるいかは酢味噌和えや沖漬けが定番ですが洋の味つけともよく合います。ほたるいか自体がうま味のかたまりなので、調味料は最小限に。ナッツを効かせることで、余韻のある味わいになります。

材料（2人分）

ほたるいか（ゆでたもの）…150g
バジルの葉…80g
胡桃…25g
にんにく…1/2片
塩…小さじ1/3
オリーブオイル…大さじ3

作り方

1 ほたるいかはさっと洗い、キッチンペーパーで水けを拭き、目を取りのぞく。

2 胡桃はフライパンでさっと炒り、包丁で粗く刻む。

3 すり鉢に**2**、バジルの葉、にんにく、塩を入れてすりつぶす。オリーブオイルを少しずつ加え、すり混ぜる。

4 **1**を加え、さっと和える。

春キャベツと切り干し大根の花椒《ホアジャオ》和え

やわらかくて瑞々しい春キャベツとシャキシャキした歯ごたえが楽しい切り干し大根のサラダのように食べたい和えものです。
「いつもの」という感じの食材同士ですが、花椒の華やかな香りが加わると、ぐっと洗練された味わいに。

材料（作りやすい分量）
新キャベツ…200g
切り干し大根…40g
花椒…大さじ1
塩…小さじ1/3
A［ナンプラー…小さじ1
　黒酢…大さじ1
ごま油…大さじ1

作り方

1 キャベツは細切りにして塩を加えて混ぜ、しんなりするまで7〜8分置く。軽くもんで水けをしっかり絞る。

2 切り干し大根はもみ洗いし、かぶるくらいの水に7〜8分ひたして戻し、水けをしっかり絞り、食べやすい長さに切る。

3 花椒はフライパンに入れて軽く炒り、包丁で粗く刻む。

4 ボウルに**1**、**2**、**3**、**A**を入れて和え、ごま油をまわしかけ、さっと和える。

春韮《にら》の和え麺

春のにらは一年で最もやわらかく、生命力が感じられる味わい。
旬ならではの風味を楽しむよう、にらが主役の和え麺にしました。
ポイントはできるだけ細かく繊細に、にらを刻むこと。
そうすることで麺とからみやすくなり、食感もよくなります。
熱々のたれをかけ、和えたてを食べるようにしてください。

材料（2人分）

にら…1束

中華麺…2玉

A
- しょうが（みじん切り）…1片分
- にんにく（みじん切り）…1片分
- 紹興酒…大さじ2
- 黒酢…大さじ2
- しょうゆ…大さじ2
- ごま油…大さじ2
- 塩…ひとつまみ

作り方

1 にらはできるだけ細かく刻む。

2 中華麺は袋の表示通りにゆで、湯をしっかりときって器に盛り、**1**をのせる。

3 小鍋に**A**を入れて中火にかけ、ひと煮立ちさせる。熱々を**2**にまわしかけ、和えて食べる。

夏の和えもの

さんさんと輝く太陽の力をそのまま閉じ込めたような、色濃く、力強い味わいが魅力の夏の素材たち。

食欲が落ちがちな季節ですが、カラフルなビタミンカラーは季節に必要な栄養をもたらすとともに、気分も上げてくれます。

この時季の和えものは、素材の強さに負けないよう味つけにもスパイスを活用するなど、メリハリを。

大葉や茗荷など、さわやかな薬味類も積極的に使いましょう。

揚げ鶏のサルサ和え

メキシコ料理でおなじみのサルサソースは、トマトを使ったピリ辛万能ソース。
みんな大好きな唐揚げと合わせれば、見た目にも夏らしい、満足度の高い和えものに。
唐辛子は種ごと刻んでソースに入れると、よりスパイシーな味わいに仕上がります。
和えたてはもちろん、しばらく時間を置いても美味しいです。

材料（2～3人分）
鶏もも肉…2枚（400g）
トマト…3個（450g）
玉ねぎ…1/2個

A
- 赤唐辛子（小口切り）…1/2本分
- レモン汁…大さじ2
- 酢…小さじ2
- 塩…小さじ2/3

B
- 酒…大さじ1
- しょうゆ…大さじ1
- 塩…小さじ1/4
- 卵…1個

薄力粉…大さじ2
片栗粉…大さじ3～4
揚げ油…適量

作り方

1 トマトは2㎝角に切る。玉ねぎは7～8㎜角に切って水に5分ほどさらし、キッチンペーパーで水けを拭く。

2 ボウルに**1**、**A**を入れてよく混ぜ、なじませる。

3 鶏肉は2～3等分に切って**B**をもみ込み、30分以上置く。薄力粉をもみ込み、片栗粉をまぶす。

4 揚げ油を170℃に熱し、**3**を入れる。上下を返しながら、きつね色になるまで7～8分揚げる。

5 **2**のボウルに食べやすい大きさに切った**4**を入れ、和える。

鶏肉は大ぶりなものを選んでかたまりで揚げ、それをカットするのがポイント。大きなまま揚げると、外側はカリッとしつつ、中はふっくらジューシーに仕上がります。

レモンは半分に切り、フォークを刺しながらぎゅっと絞ると、果汁がよく取れます。

とうもろこしとレンズ豆の和えもの

鮮やかな黄色で夏の訪れを教えてくれる
スイートコーンは、
新鮮なほど甘味も強いので、
買ったら当日中に食べたいもの。
水で戻す必要がなく、
手軽に使えるレンズ豆と合わせ、
サラダ感覚の和えものにしました。
とうもろこしと豆の甘味を、
隠し味の柚子こしょうで
キリッと引き締めたのがポイントです。

材料（作りやすい分量）
とうもろこし…2本
レンズ豆…2/3カップ
紫玉ねぎ…1/2個
白ワイン…大さじ3
A［白ワインビネガー…大さじ1
柚子こしょう…小さじ1/2
塩…小さじ1/2］
B［パセリ（みじん切り）…大さじ1強
オリーブオイル…大さじ2］

作り方

1 とうもろこしは半分に切って実をそぐ。フライパンに入れ、白ワインを加えて中火にかける。煮立ったらふたをして、弱火にして2分ほど蒸し煮にする。

2 レンズ豆は水で洗い、沸騰した湯に入れる。少し歯ごたえが残るくらいに12分ほどゆで、ざるに上げ、水けをしっかりきる。

3 紫玉ねぎはみじん切りにし、水に3分ほどさらす。ざるに上げ、キッチンペーパーで水けをしっかり拭く。

4 ボウルに**1**、**2**、**3**、合わせた**A**を入れ、和える。**B**を加え、さっと和える。

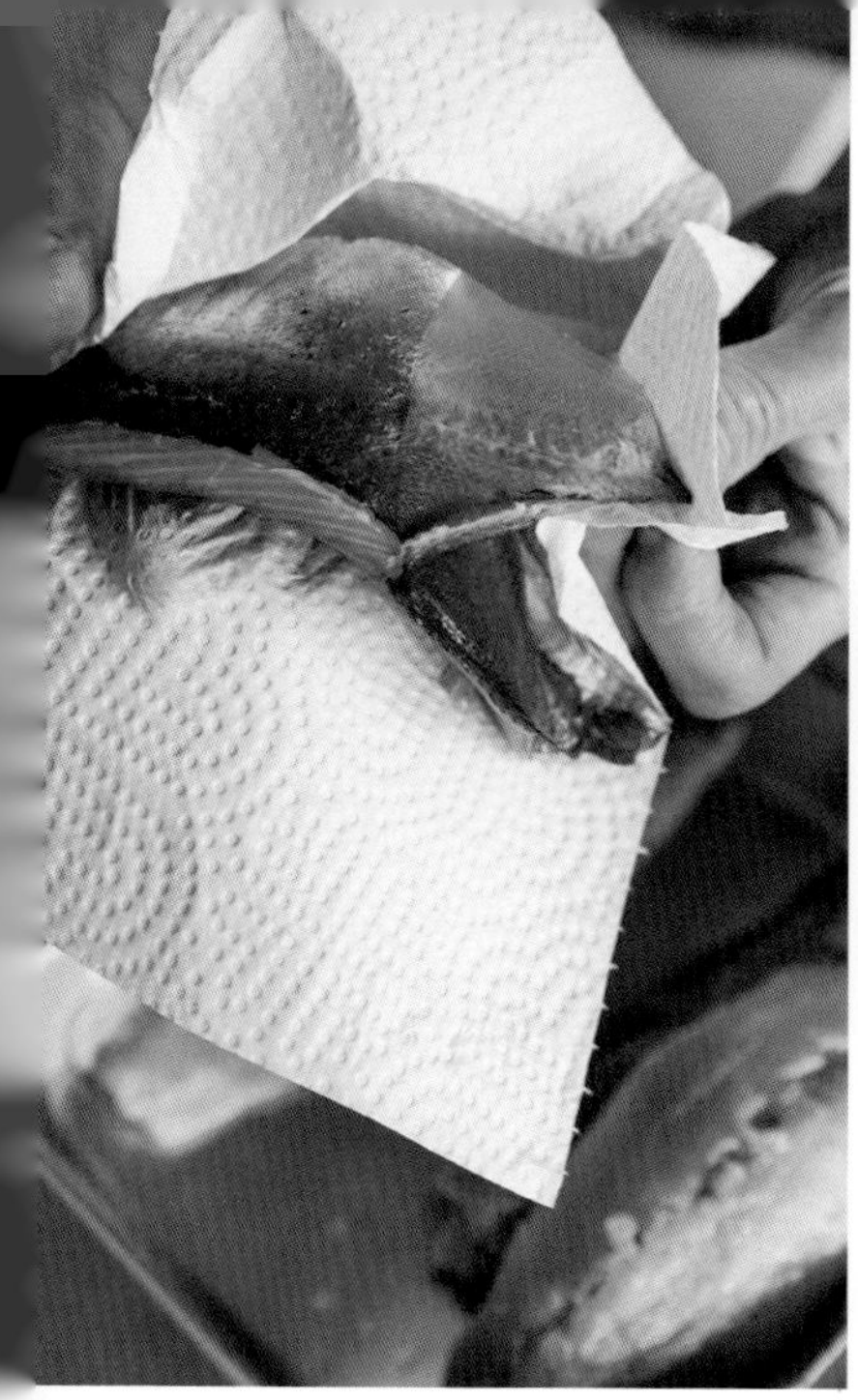

鯵《あじ》の薬味和え

日本の広い範囲でほぼ年中獲れる鯵ですが、旬は夏。脂がのって、味わいにも奥行きが出ると言われています。たっぷりの薬味と一緒に食べることで、特有の臭みを緩和します。隠し味に粉山椒を加えると、より洗練された味わいになります。

材料（2～3人分）
鯵（刺身用）…2尾
茗荷…2個
細ねぎ…2本
大葉…8枚
しょうが（すりおろし）…1片分
塩…小さじ1
粉山椒…小さじ1/3
白炒りごま…適量

作り方

1 鯵は3枚におろして骨を抜き、塩小さじ2/3をふり、冷蔵庫に1時間ほど置く。キッチンペーパーで出てきた水けを拭き、皮をむき、そぎ切りにする。

2 茗荷はみじん切りにして水にさっとさらし、水けをきる。細ねぎは小口切りにする。

3 ボウルに**1**、**2**、手でちぎった大葉、しょうが、残りの塩、粉山椒を加え、さっと和える。器に盛り、白炒りごまをふる。

焼きパプリカのアンチョビ和え

輸入ものも多いため、通年手に入りやすいパプリカですが、やはり露地ものが出回る夏にこそ食べたい野菜です。こちらは友人から「ワイン泥棒!」と呼ばれるほどの人気の一品。コツはパプリカが多少黒焦げになっても、臆せずしっかり焼くこと。そうすると皮をむいたあとの果肉のうま味が増し、トロリとして調味料ともよくからみます。4個分くらいはペロリなので、多めに作るのがおすすめです。

材料（作りやすい分量）
パプリカ（赤、黄色合わせて）…4個
A ［アンチョビフィレ…4枚
　 レモン汁…大さじ1
オリーブオイル…大さじ3
粗挽き黒こしょう…少々

作り方

1 パプリカは縦半分に切って種を取り、魚焼きグリルか網で皮目がしっかりと焼けるまで12～15分ほど焼く。

2 冷水に**1**をとり（またはビニール袋に入れて10分ほど置いて蒸らし）手で皮をむく。キッチンペーパーで水けをしっかり拭き、3～4㎝角に切る。

3 ボウルに**2**、**A**を入れ、さっと和える。オリーブオイルをまわしかけ、なじませる。器に盛り、こしょうをふる。

黒くて一瞬「大丈夫?」とひるむかもしれませんが、こうすることで中がしっかり蒸され、とろとろの食感とジューシーな味わいに仕上がります。

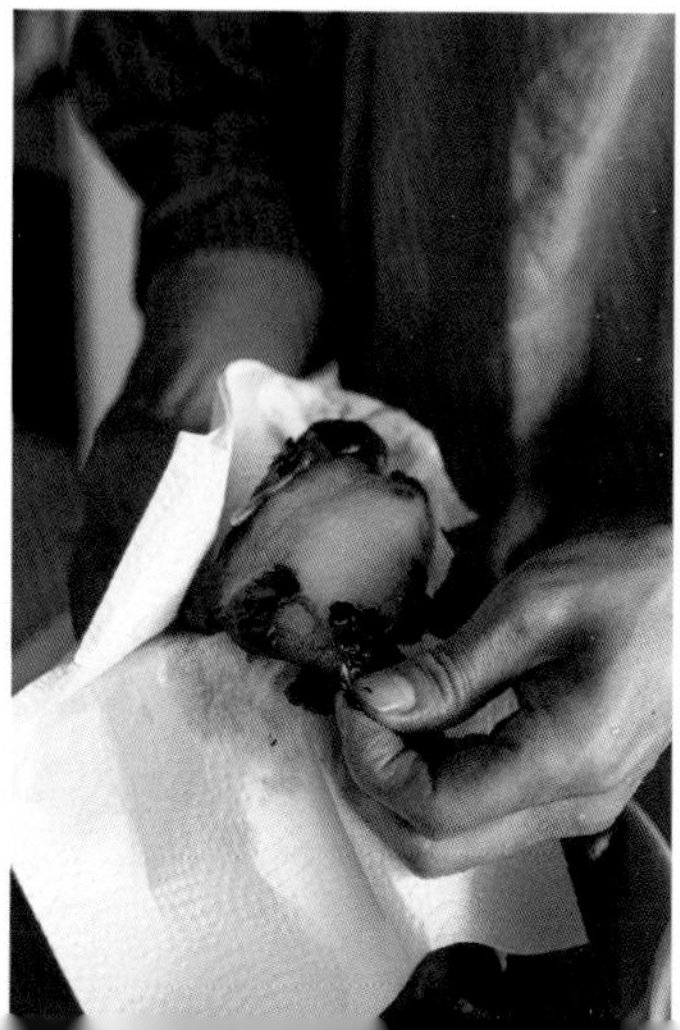

揚げ茄子とピーマンの甘味噌和え

夏野菜の代表と言えば、茄子とピーマン。
梅雨明けしたら、毎日でもモリモリと食べたい食材です。
素揚げにすると、素材のうま味がぎゅっと凝縮され、
ボリュームもアップするので、食卓にも変化がつきます。
みりんでほんのり甘く仕上げた味噌とからめ、ご飯が進む一品に仕上げました。

材料（2人分）

茄子…2本
ピーマン…3個
揚げ油…適量
A
- 味噌…大さじ2
- みりん…大さじ1
- 酒…大さじ1
- しょうゆ…小さじ1

七味唐辛子…適量

作り方

1 茄子は乱切りにして水にさっとさらし、キッチンペーパーで水けを拭く。ピーマンは種を取り、乱切りにする。

2 小鍋に**A**を入れて弱めの中火にかけ、煮立たせながら煮詰め、トロリとしたらボウルに移す。

3 揚げ油を170℃に熱して茄子を入れ、やわらかくなるまで3分ほど揚げる。油をきり、**2**に入れる。

4 揚げ油にピーマンを入れ、30秒ほど揚げる。油をきり**3**に入れ、全体を和える。器に盛り、七味唐辛子をふる。

ゴーヤと牛しゃぶのおかか和え

ほてった体をスッと冷まし、夏バテにもよいゴーヤは、不思議とこの季節になると食べたくなる、ほろ苦い味わいが特徴です。とげとげのいぼの中にビタミンCがたっぷりと含まれているらしく凹凸がしっかりある、張りのあるものを選びましょう。さっぱり食べられるしゃぶしゃぶ肉に、うま味担当のかつお節を加えて。お好みで、包丁でたたいた梅肉を加えてもいいと思います。

材料（2人分）

ゴーヤ…1/2本

牛しゃぶしゃぶ用肉…8枚

酒…大さじ1

A
- 黒酢…大さじ1
- しょうゆ…大さじ1

B
- かつお削り節…5g
- ごま油…大さじ1

作り方

1 ゴーヤは縦半分に切って種を取り、薄切りにする。水に5分ほどさらし、しっかり水けをきる。

2 沸騰した湯に酒を入れて弱火にし、牛肉を1枚ずつ入れてさっとゆでる。ざるに上げ、キッチンペーパーで水けを拭く。

3 ボウルに**1**、**2**、**A**を入れて和え、**B**を加えてさっと和える。

ゴーヤは水にさらすと苦味がやや抑えられ、シャキッとした歯ごたえになりますが、あまり長くつけすぎるとビタミンCが流れてしまうので、短時間にしておきましょう。

ズッキーニのクミンナムル

炒めものやラタトゥイユなど、加熱して食べることが多いズッキーニですが、生で食べても実は美味しい。淡泊な味わいなので、香り素材と合わせるのがおすすめ。副菜にも、お酒のアテにもぴったりな一品です。

材料（作りやすい分量）
ズッキーニ…1本
クミンシード…小さじ1
にんにく（つぶす）…½片
塩…小さじ1
ごま油…小さじ2

作り方

1 ズッキーニは薄切りにしてボウルに入れる。塩小さじ½を加えて混ぜ、7〜8分置く。しんなりしてきたら、水けを絞る。

2 クミンシードはフライパンに入れて弱火にかけ、香りが立つまでから炒りする。

3 ボウルに**1**、**2**、にんにく、残りの塩を加えて和え、ごま油を加えてさっと和える。

オクラと烏賊《いか》の梅和え

日本近海だけでも多くの種類があるいか、夏に旬なのは剣先いかやするめいかなど。それをオクラと梅と合わせただけのシンプルな和えものです。ポイントは、美味しい梅干しを選ぶこと。オクラは歯ごたえを残す加減にゆでましょう。

材料（作りやすい分量）
オクラ…8本
いか（刺身用／するめいかなど）…1杯
梅干し…2個
塩…適量

作り方

1 オクラはガクとヘタを取り、塩少々でもんで産毛を取り、水でさっと洗う。

2 沸騰した湯に塩少々を入れ、**1**を30秒ほどゆでてざるに上げ、冷水にさっとさらす。キッチンペーパーで水けをしっかり拭き、1㎝幅に切る。

3 いかはげそ、皮、はらわた、軟骨などを取りのぞき、縦半分に切り、1㎝幅に切る。

4 梅干しは種を取りのぞき、包丁でたたく。

5 ボウルに**2**、**3**、**4**を入れ、和えてなじませる。

鮎と胡瓜《きゅうり》の茗荷《みょうが》和え

6月になると漁が解禁されて、鮎が出回るようになります。
塩焼きや甘露煮がポピュラーですが、
新鮮な胡瓜とともに、夏らしい和えものもおすすめ。
皮に焼き目がつくようパリッと焼いて、
肝も一緒に混ぜるようにすると、独特のコクが生まれます。
茗荷やしょうがで、さわやかなアクセントを添えて。

材料（作りやすい分量）
鮎…2尾
胡瓜…1本
茗荷…1個
塩…小さじ1と1/4
A
- 酢…小さじ2
- しょうゆ…小さじ1
- しょうが（せん切り）…1片分

鮎は足が早い魚なので、
購入したらできるだけ早く調理を。
実はぬめりがあるほうが新鮮な証拠。
お腹が張っているものを選びましょう。

作り方

1 鮎は塩小さじ1をふって、魚焼きグリルで焼き目がつくまで8分ほど焼く。温かいうちにほぐし、骨を取りのぞく。

2 胡瓜は塩少々（分量外）で板ずりして水で洗い、2〜3㎜厚さの輪切りにする。残りの塩を加えて混ぜ、5分ほど置き、水けをぎゅっと絞る。

3 茗荷はせん切りにして水に3分ほどさらし、水けをきってキッチンペーパーで拭く。

4 ボウルに**1**、**2**、**3**、**A**を入れ、和える。

胡瓜は歯ごたえがあったほうが美味しいので、
やや厚めの薄切りに。
独特の苦味と香りがある茗荷は
水にさらすとすっきりした味わいになり、
食感もシャキッとします。

桃とレモンの和えパスタ

夏はくだものを使った冷製パスタが美味しい季節。
特に桃やプラム、ネクタリンなどは、パスタ向きだと思います。
華やかな香りと瑞々しい甘味、それを塩で引き締め、
オリーブオイルでまとめると、
そのまま食べるのとはまた違った新しい味わいが広がります。
パスタは細くて繊細な食感の、
カッペリーニがおすすめです。

桃はふっくらときれいな丸みを帯びていて、
全体に色づいているものを選びましょう。
パスタには完熟してやわらかいものよりも、
少し固めのほうがおすすめです。

材料（2人分）

桃…2個
パスタ（カッペリーニ）…140g
A
- レモン汁…大さじ2
- 塩…小さじ2/3
- コリアンダーパウダー（あれば）…少々

オリーブオイル…大さじ3
レモンの皮（ノーワックス）…少々
粗挽き黒こしょう…少々

作り方

1 桃は皮と種を取りのぞき、3cm角に切り、ボウルに入れる。**A**を加えてなじませる。

2 鍋に2ℓの湯を沸かし、塩大さじ1（分量外）を加え、パスタを袋の表示通りにゆでる。ざるに上げ、水けをしっかりきり、キッチンペーパーで拭く。

3 **1**のボウルに**2**を加えてさっと和え、オリーブオイルを加えてさらに和える。

4 器に盛り、すりおろしたレモンの皮、こしょうをふる。

モロヘイヤとカリカリ豚のトマト和え

ビタミンAやC、Eの含有量は野菜の中でトップクラス、ミネラル類も豊富で、高い栄養価で知られているモロヘイヤ。夏バテ予防に、この季節は積極的に食べたい食材です。このモロヘイヤを細かく刻み、和え衣的に使ったメニューです。カリカリ豚とトマトの酸味、ポン酢しょうゆでさっぱりと。食欲がない日にも食べやすい一品です。

材料（2人分）

モロヘイヤ…1束
豚バラ肉（焼肉用）…8枚
トマト…2個（300g）
塩…少々
ポン酢しょうゆ…大さじ3
ごま油…少々

作り方

1 モロヘイヤは根元の固い部分を切り落とす。鍋に湯を沸かして塩を加え、1分ほどゆでて冷水にとる。水けをしっかり絞り、1cm幅に切り、ボウルに入れる。

2 トマトは3cm角に切り、ポン酢しょうゆとともに**1**のボウルに入れ、なじませる。

3 フライパンにごま油を入れて中火にかけ、豚肉を焼く。出てきた脂をキッチンペーパーで拭き取りながら、両面がカリッとするまで焼く。

4 **2**に**3**を加えてさっと和え、なじませる。

豚バラ肉は
凹凸のあるグリルパンで焼くと
脂が落ちやすく、
香ばしい焼き目もつくのでおすすめ。
カリカリになるまで
しっかり焼くのがポイント。

獅《し》子《し》唐《とう》と茄子のだし

夏野菜を香味野菜と一緒にたっぷり刻んで
調味料に漬けた「だし」は、
山形の郷土料理として有名です。
そのままはもちろん、白いご飯にのっけたり、
麺や冷奴に合わせたりと、夏の食卓に大活躍。
私はほろ苦くてピリッとした
獅子唐を加えるのがお気に入り。
好みでがごめ昆布を加えてとろみをつけてもいいでしょう。
冷蔵庫で４日ほど保存可能なので、
少し多めに作るのがおすすめ。

茄子はヘタの部分のトゲがとがっているもの、皮に張りとツヤがあるものを選びましょう。獅子唐は鮮やかな緑で張りとツヤのあるものを。ピーマンや万願寺唐辛子でも作れます。

茄子はアクが出るので、水にさらしますが、短時間で。そのあとしっかり水きりをするのがポイント。味が水っぽくならず、日持ちもよくなります。

材料（作りやすい分量）

獅子唐…8本

茄子…2本

胡瓜…1本

新しょうが…20g

茗荷…2個

塩…小さじ1/4

A
- しょうゆ…大さじ1
- みりん…大さじ1
- 酒…大さじ1/2
- 酢…大さじ1

白炒りごま…小さじ1

作り方

1 獅子唐は軸を切り落とし、縦に切れ目を入れて種を取りのぞき、粗みじん切りにする。

2 茄子は7〜8㎜角に切り、水に3分ほどさらし、水けをきる。胡瓜は7〜8㎜角に切り、塩を加えて混ぜ、5分ほど置き、水けを絞る。

3 しょうがはスプーンで皮をこそげ取り、みじん切りにする。茗荷はみじん切りにする。

4 小鍋に**A**を入れて中火にかけ、ひと煮立ちさせる。

5 ボウルに**1**、**2**、**3**を入れ、**4**を熱いうちに注いでなじませ、白炒りごまをふる。

枇《び》杷《わ》のスパイス和え

近所に住むフローリストの友人が「庭になるから」と毎年たくさんの枇杷を、枝ごとお裾分けしてくれます。葉っぱは薬草茶にして、実は生でいくつかいただいたあとに、スパイスを効かせたこんなひと皿にして楽しみます。枇杷の代わりに、メロンや桃で作っても美味しいです。

材料（作りやすい分量）

- 枇杷…6～8個
- レモン汁…大さじ1
- **A**
  - シナモンスティック…1本
  - クローブ…2個
  - 塩…小さじ$\frac{1}{2}$
  - コアントロー（またはラム酒）…大さじ1
- オリーブオイル…大さじ2

作り方

1 枇杷は皮をむいて半分に切って種を取り、レモン汁をまわしかける。

2 ボウルに**1**、**A**を入れてなじませ、15分ほど置く。

3 食べる直前にオリーブオイルを加え、さっと和える。器に盛り、塩少々（分量外）をふる。

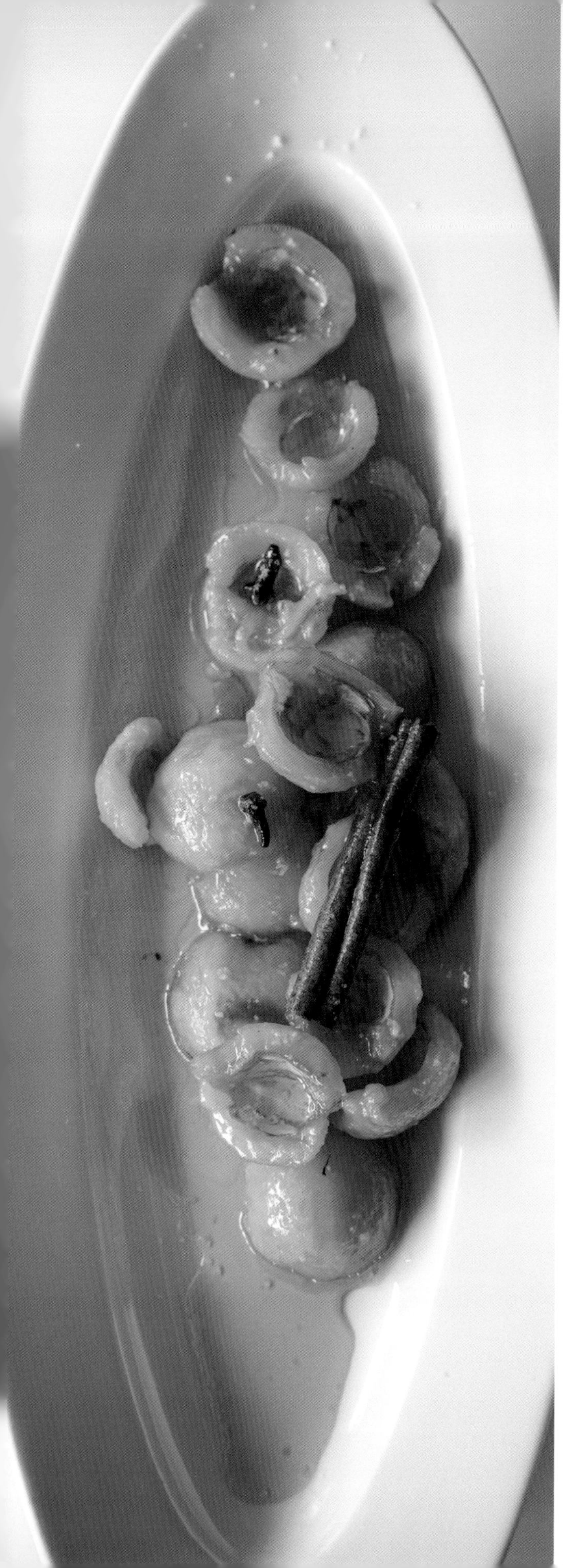

うなぎと胡瓜《きゅうり》の和えもの

うなぎと胡瓜を合わせた酢のもの「うざく」は関西地方では、土用の丑の日に食べられることが多いそう。ふっくらしたうなぎと歯ごたえのいい胡瓜は、相性も抜群。暑さ本番を迎えた時季の夕べに、いただきたいひと皿です。

材料（2～3人分）
胡瓜…1本
うなぎ蒲焼き…120g
塩…小さじ1/4
A
- 酢…小さじ2
- 甜菜糖…小さじ1/3
- 塩…小さじ1/3
- しょうがの絞り汁…1片分
- 白炒りごま…少々

作り方

1 胡瓜は縦半分に切って種を取りのぞき、斜め薄切りにする。塩をふってなじませ、5分ほど置き、水けをぎゅっと絞る。

2 うなぎはアルミホイルで包み、魚焼きグリルに入れて7～8分焼く。取り出し、粗熱がとれたら1.5㎝幅に切る。

3 ボウルに**1**、**2**、合わせた**A**を入れ、和える。

冬瓜と春雨の干し海老和え

夏が旬なのに「冬」の字が入っている冬瓜。
皮が丈夫で保存性が高く、冬まで貯蔵できるからなのだとか。
むくみを解消する作用があり、女性には嬉しい食材です。
ひき肉や海老のうま味を吸って、つい箸が進む味わいに。

材料（2～3人分）
冬瓜…150g
鶏ひき肉…120g
干しあみ海老…大さじ2
しょうが（せん切り）…1片分
春雨…30g
ごま油…小さじ2
A［酒…大さじ2
　ナンプラー…大さじ1

作り方

1 冬瓜は縦に3cm幅に切り、横に7～8mm厚さに切る。

2 鍋に湯を沸かし、春雨を袋の表示通りにゆでてざるに上げる。水けをしっかりきり、食べやすく切る。

3 フライパンにごま油を入れて中火にかけ、ひき肉、干し海老、しょうがを加え、炒める。肉の色が変わったら**1**、**A**を加えてふたをして、弱火で5分ほど蒸し炒めする。

4 ボウルに**2**、**3**を入れ、和える。

トマトと大葉の花椒和え

夏の日は毎日でも食べたいトマトですが冷やしトマトに飽きた日は、こんな和えものはいかがでしょう。ポイントはミディやフルーツなど、しっかり甘いトマトを使うこと。甘さの奥に花椒がキリッと効いて、格別な味わいです。

材料（2人分）

ミディトマト…5個
大葉…8枚
しょうが（せん切り）…1片分
花椒…大さじ1弱
塩…小さじ1/3
ごま油…小さじ2

作り方

1 トマトはヘタを取り、4等分に切る。

2 フライパンに花椒を入れて弱火にかけ、から炒りする。香りが立ったら取り出し、包丁で粗く刻む。

3 ボウルに**1**、**2**、塩を入れて和え、手でちぎった大葉、しょうが、ごま油を加えてさっと和える。

季節の白和え

春

蕗《ふき》の薹《とう》の白和え

夏

枝豆と茗荷《みょうが》の白和え

秋

柿の白和え

冬

揚げ里芋の白和え

季節の白和え

豆腐を和え衣に使った「白和え」は、和食を代表する料理のひとつ。季節の素材と合わせることで、さまざまな味わいを楽しめます。

春　蕗の薹の白和え

ふきのとうのほろ苦さは、春の訪れを知らせてくれる味わいです。アクが強い素材なので、上手にアク抜きすることがコツ。

材料（作りやすい分量）
ふきのとう…8個
木綿豆腐…150g
白炒りごま…大さじ2と1/2
しょうゆ…大さじ1
塩…小さじ1/2

1 ふきのとうは水でさっと洗い、かぶるくらいの水に30分ほどひたす。
2 鍋に湯を沸かし、塩を入れる。**1**を入れ、1分ほどゆでる。冷水にとり、1～2時間ひたしてアクを取る。水けを絞り、2～3等分に切る。
3 豆腐はキッチンペーパーで包み、重さが倍の重石をして30分ほど置いて、水きりをする。
4 フライパンに白炒りごまを入れて弱火にかけ、香りが立つまで炒る。すり鉢に入れ、しょうゆを加え、すり混ぜる。
5 **3**を加えてすり混ぜ、**2**を加えて和え、塩少々（分量外）で味を調える。

夏　枝豆と茗荷の白和え

夏のおつまみ代表の枝豆を、さっぱりとした白和えに。この季節は豆腐をしっかり水きりしたほうが、美味しく感じられます。

材料（作りやすい分量）
枝豆（ゆでたもの）…20房
茗荷…2個
木綿豆腐…150g
白炒りごま…大さじ1
白練りごま…大さじ1
A［しょうゆ…大さじ1
　塩…小さじ1/4

1 豆腐はキッチンペーパーで包み、重さが倍の重石をして30分～1時間ほど置いて、水きりをする。
2 茗荷はせん切りにして水に3分ほどさらし、キッチンペーパーで水けを拭く。
3 フライパンに白炒りごまを入れて弱火にかけ、香りが立つまで炒る。すり鉢に入れ、すり混ぜる。
4 白練りごま、**1**を加えてすり混ぜ、**A**を加えてさらによく混ぜる。
5 さやから実を取り出した枝豆、**2**を加え、さらに和える。

秋

柿の白和え

柿の甘さと豆腐のコクに、山椒のさわやかさを添えて。春夏の木綿からなめらかな絹ごしに変え、上品な食感に仕上げました。

材料（作りやすい分量）
柿…2個
絹ごし豆腐…100g
薄口しょうゆ…小さじ1
粉山椒…少々

1 豆腐はキッチンペーパーで包み、重さが倍の重石をして30分ほど置いて、水きりをする。新しいキッチンペーパーで表面の水けを拭く。

2 柿は皮をむき、1.5cm幅のくし形に切る。

3 すり鉢に**1**、薄口しょうゆを入れてすり混ぜ、**2**を加えて和え、粉山椒をふる。

冬

揚げ里芋の白和え

素揚げしたホクホクの里芋に、コクのある和え衣をまとわせました。白和えのイメージがきっと変わる、食感も楽しい一品です。

材料（作りやすい分量）
里芋…6個
絹ごし豆腐…100g
揚げ油…適量
味噌…大さじ1
七味唐辛子…少々

1 里芋は皮をむき、2〜3等分に切る。

2 鍋に揚げ油と**1**を入れて中火にかけ、菜箸でかき混ぜながら里芋に火が通り、色づくまで6〜7分揚げる。

3 豆腐はキッチンペーパーで包み、重さが倍の重石をして30分ほど置いて、水きりをする。新しいキッチンペーパーで表面の水けを拭く。

4 すり鉢に**3**、味噌を入れてすり混ぜ、**2**を加えて和え、七味唐辛子をふる。

季節の和えご飯

春

空豆とグリーンピースのレモン和えご飯

夏

ヤングコーンの
ガーリック和えご飯

秋

銀杏と揚げ栗の和えご飯

冬

昆布じめひらめと
蓮根の柚子和えご飯

季節の和えご飯

四季の素材をご飯と和えるだけの「和えご飯」。炊き込みご飯とくらべ素材の香りや食感を生かせ、作り方も手軽です。

春　空豆とグリーンピースのレモン和えご飯

春を代表する豆2種を主役にした、サラダのような和えご飯。レモン汁をたっぷりかけ、さっぱりといただきます。

材料（2人分）
- 空豆（さやごと）…100g
- グリーンピース（生／さやごと）…100g
- 炊いたご飯…茶碗2杯分（300g）
- A
  - にんにく（つぶす）…1/2片
  - 白ワイン…50mℓ
  - 塩…小さじ1/2
  - オリーブオイル…大さじ1
- レモン汁…大さじ2
- 粗挽き黒こしょう…少々

1 空豆はさやから実を取り出し、薄皮をむく。グリーンピースはさやから実を取り出す。

2 フライパンに**1**、**A**を入れて中火にかける。煮立ったら弱火にし、ふたをして6分ほど蒸し煮にする。

3 ボウルに炊いたご飯、軽く汁けをきった**2**、レモン汁、塩少々（分量外）を加えて和える。器に盛り、こしょうをふる。

夏　ヤングコーンのガーリック和えご飯

コリコリとした食感が楽しい、ヤングコーンを和えご飯に。ソテーしたにんにくの香ばしい風味が食をそそります。

材料（2人分）
- ヤングコーン…10本
- にんにく（薄切り）…1片分
- 炊いたご飯…茶碗2杯分（300g）
- オリーブオイル…大さじ1
- 塩…小さじ2/3
- 粗挽き黒こしょう…適量

1 ヤングコーンは皮をむき、1㎝幅に切る。

2 フライパンにオリーブオイル、にんにくを入れて中火にかけ、色づくまでしっかりと炒める。**1**を加えて2分ほど炒め、塩をふる。

3 ボウルに炊いたご飯、**2**を加えて和える。器に盛り、こしょうを多めにふる。

秋

銀杏と揚げ栗の和えご飯

スタンダードな栗ご飯の次は、こんな和えご飯はいかがでしょう。栗の渋皮は素揚げすると、パリパリ香ばしく食べられます。

材料（作りやすい分量）

銀杏…15個

生栗…8〜10個

もち米…1合

米…1合

A
- 水…350㎖
- 酒…大さじ1
- 昆布…3㎝角×1枚
- 塩…小さじ1

揚げ油…適量

1 もち米はさっと洗い、たっぷりの水に2時間ほどひたす。洗った米と合わせてざるに上げ、**A**を加え、鍋（または炊飯器）で炊く。

2 栗は水に半日ほどひたし、渋皮を傷つけないように鬼皮をむく。銀杏は鬼皮をすりこぎなどで軽くたたいて割り、取り出す。

3 揚げ油を170℃に熱し、銀杏を入れる。薄皮がむけたら取り出す。栗を入れ、混ぜながら中に火が通るまで6〜7分揚げる。

4 **1**に**3**を加えて和え、塩少々（分量外）で味を調える。

冬

昆布じめひらめと蓮根の柚子和えご飯

シャクシャクした蓮根の食感が楽しい、混ぜ寿司風ご飯。ひらめの昆布じめは、挟む時間を長くするとさらに濃厚な味わいに。

材料（作りやすい分量）

ひらめ（刺身用さく）…200g

蓮根…200g

炊いたご飯…茶碗2杯分（300g）

昆布…15㎝長さ×2枚

塩…小さじ1/2

A
- 柚子果汁…大さじ2
- 塩…小さじ1/3
- 甜菜糖…小さじ1

菊花…適宜

柚子の皮…少々

1 昆布は濡れふきんで汚れを拭く。ひらめは塩をふり、冷蔵庫に2時間ほど置く。キッチンペーパーで表面の水けを拭き、昆布で挟み、ラップで包んでさらに3時間ほど冷蔵庫に置く。

2 蓮根は皮をむき、2㎜厚さの半月切りにする。鍋に酒少々（分量外）を加えた湯を沸かし、2分ほどゆでてざるに上げ、キッチンペーパーで水けを拭く。

3 ボウルに**A**を入れて混ぜ、**2**を加えてなじませる。

4 炊いたご飯に**3**の漬け汁を加えて混ぜ、蓮根、薄くそぎ切りにした**1**のひらめ、菊花の花びらをのせ、すりおろした柚子の皮を散らす。

5 全体を和えながら食べる。

秋の和えもの

夏の疲れを癒し、冬の寒さを乗り越えるために
うま味をたっぷりと蓄えた素材がふんだんに登場する秋。
きのこ類や芋類、ナッツやくだものなど、この季節だからこそ
より美味しく感じられるものを積極的に活用して
実りの季節にふさわしい和えものに仕立てましょう。
ポイントは、食をそそる香り素材を存分に効かせること。
風味に華やぎが出て、お箸がいっそう進みます。

焼き椎茸と鶏肉の梅和え

秋に旬を迎えるきのこ類は、
網で香ばしく直焼きし、
手でさっくりとほぐすだけで、
とっておきのご馳走になります。
焼くときはあまりいじりすぎず、
片面に軽く焦げ目がついたら上下を返し
1分ほど軽くあぶる程度で大丈夫。
こうして焼くことで、
椎茸がじんわりと汗をかき、
きのこならではの香りがぐんと強まります。
ちょっと贅沢したい日は松茸で。
エリンギで作っても美味しいです。

美味しい椎茸の条件は、
肉厚で瑞々しいもの、
笠が開きすぎていないもの。
笠の裏側のひだが白っぽく、
張りがあるものが新鮮です。

材料（2〜3人分）
椎茸…5枚
鶏ささみ…3本
梅干し…2個
酒…大さじ1
しょうゆ…小さじ1
A［ごま油…小さじ1
　白炒りごま…適量

作り方

1 鶏ささみは筋を取り、酒を加えた湯で2分ほどゆでて火を止め、湯につけたまま冷ます。キッチンペーパーで水けを拭き、手で細かくさく。

2 椎茸は石突きを落とし、網の上で中火にかけてこんがりと焼き、温かいうちに手でさく。

3 ボウルに**1**、**2**、種をのぞき包丁でたたいた梅干し、しょうゆを入れ、和える。**A**を加え、さっと和える。

手でさくと
包丁で切るより
断面が不揃いになり、
食感に変化が生まれるので
食べ進めるのが楽しく、
和え衣ともなじみます。

揚げ菊芋と舞茸の山椒和え

最近ご近所のお店でも
見かけることが多くなった菊芋。
高い健康・美容効果でも
知られていますが、
サクッとした小気味いい歯ごたえが、
何よりも魅力です。
しっかりかみしめられるよう
大ぶりに切ることと、
揚げすぎると食感が失われてしまうので、
油を高温にしたら、
早めにさっと取り出すことがコツ。
揚げ油の油分を活用して、
山椒や塩、すだち果汁をからめます。
舞茸も天然ものを使うと、
美味しさが格段にアップ。

見た目はしょうがや
里芋に似ている菊芋ですが、
ほとんどでんぷん質を含まず、
サクサクとした食感。
生のままでも
食べることができます。

冷たい油から入れて加熱すると、
中まで火がしっかり通り、
短時間でも食感よく揚がります。
舞茸は火が入りすぎないよう、
さっと短時間で揚げて。

材料（2人分）
菊芋…5個
舞茸…100g
すだち…2個
A ［粉山椒…小さじ2/3
　 ［塩…小さじ1/2
揚げ油…適量

作り方

1 菊芋はたわしなどで洗って汚れを取り、2〜3等分に切る。舞茸は食べやすい大きさにほぐす。

2 鍋に菊芋とかぶるくらいの揚げ油を入れて中火にかけ、油が温まってから3〜4分、菊芋が軽く透き通るまで揚げる。最後に火を強めて油の温度を上げ、カリッとするまで揚げ、油をきる。

3 高温のままの揚げ油に舞茸を加え、40秒ほど揚げて取り出し、油をきる。

4 ボウルに**2**、**3**、**A**を入れて和え、食べる直前にすだちを絞る。

牛ローストと春菊の胡桃《くるみ》和え

一年中手に入る春菊ですが、旬は秋から冬にかけて。西日本では「菊菜」とも呼ばれる、キク科の野菜です。さっとゆでた春菊を細かく刻み、肉汁や調味料と合わせ、ソースのようにして牛肉とからめます。ポイントは、やはり秋に旬を迎える胡桃の風味。フライパンでローストし、包丁で刻むことで、歯ごたえと香ばしさが際立ちます。

材料（2人分）

牛ももかたまり肉…300g
春菊…1束
胡桃…8個
塩…小さじ1/2
ごま油…小さじ1

A
- 黒酢…大さじ1
- しょうゆ…大さじ1
- みりん…大さじ1

作り方

1 牛肉は常温に戻し、表面に塩をよくすり込む。

2 フライパンにごま油を入れて中火にかけ、**1**を入れて全体にしっかりと焼き目をつける。火を弱め、1面ずつ2分ほど焼く。取り出してアルミホイルで包み、30分〜1時間置く。

3 春菊は塩少々(分量外)を加えた湯で1分ほどゆでて冷水にとり、水けをしっかり絞る。1cm幅に切り、ボウルに入れる。

4 胡桃はフライパンでさっと炒り、包丁で粗く刻む。

5 **2**のアルミホイルを取り、肉汁と**4**、**A**をフライパンに入れて中火にかけ、ひと煮立ちさせ、**3**に加えて混ぜる。

6 牛肉を食べやすい厚さに切って**5**に入れ、和える。

牛肉はしっかり常温に戻してから
焼くようにすると、
短時間で中まで火が通ります。
アルミホイルで包むことで、
肉汁とうま味を内側に閉じ込めます。

焼いた牛肉は常温まで冷ますと、
カットしたときに肉汁が出ず、
断面もきれいに切れます。
春菊とのからみをよくするため、
6〜7㎜の厚さにカットします。

ぶどうとしめ鯖《さば》の和えもの

ここ数年で、皮ごと食べられるマスカット系のぶどうが格段に手に入りやすくなりました。
脂がのった寒鯖は、晩秋が旬。この時季に作ったしめ鯖の酸味と、
マスカットの甘味に、ホワイトバルサミコ酢のマイルドなコクが加わって、
シンプルですがとても贅沢なひと皿に仕上がりました。
しめ鯖は市販品でもいいですが、やはりここは手作りで。
おもてなしの一品としても、喜ばれます。

鯖をしめる時間はお好みですが、
しっかりめ（3時間ほど）にしたほうが、
マスカットの甘味との対比が出て、
味のバランスがよくなります。

マスカットに塩をふると
水分が出るので、その汁ごと
バルサミコ酢の酸味と
オイルのうま味と混ぜ合わせ、
マリネ液を作ります。

材料（作りやすい分量）

鯖（刺身用）…1尾
ぶどう（マスカット系／皮ごと食べられるもの）…12〜15粒
パセリ（みじん切り）…小さじ2
塩…小さじ1
酢…1/2カップ
A
ホワイトバルサミコ酢…大さじ1
※なければ白ワインビネガー小さじ1と1/2で代用
オリーブオイル…大さじ2
粗挽き黒こしょう…少々

作り方

1 鯖は3枚におろして骨を取りのぞく。塩をふり、冷蔵庫で3時間ほどなじませる。

2 キッチンペーパーで**1**の水けを拭き、皮をむいてバットに置き、酢を注いで2〜3時間冷蔵庫に置く。

3 ぶどうは半分に切り、パセリ、**A**、塩少々（分量外）と和える。

4 **2**を食べやすい厚さに切って器に盛り、**3**を添える。オリーブオイル（分量外）をまわしかけ、こしょうをふる。

蓮根と豚肉の花椒和え

秋から初冬にかけての蓮根は、粘りのある歯ごたえになり、甘みもしっかりしていきます。和えものを作るときは、繊細な食感を楽しむよう薄く、厚みを揃えて切るのがコツ。華やかな香りとピリリとした辛味の花椒をアクセントに。

材料（2人分）

豚ロースしゃぶしゃぶ用肉…120g
蓮根…200g
細ねぎ…2本
花椒…大さじ1強
紹興酒…大さじ2
塩…小さじ1/3
ごま油…大さじ1

作り方

1 蓮根は皮をむき、薄切りにして水にさらす。細ねぎは斜め切りにする。

2 紹興酒を加えた湯に、水けをきった**1**の蓮根を入れ、2分半ほどゆでて、ざるに上げる。

3 同じ湯に豚肉を入れ、肉の色が変わるまでさっとゆで、ざるに上げる。

4 フライパンを中火にかけ、花椒を入れてさっとから炒りし、まな板に取り出し、包丁で粗く刻む。

5 ボウルにしっかり水けをきった**2**と**3**、**4**、塩を入れ、和える。細ねぎ、ごま油を加え、さっと和える。

日本の山椒と同じくミカン科のスパイスである花椒は、麻婆豆腐を始めとした中華料理の辛味づけによく使われます。フライパンで軽く炒ることで、香りが引き出されます。

和梨とセロリの梅酢和え

和梨とセロリ、清涼感のある素材同士を組み合わせた秋の入り口に食べたい、涼しげな和えものです。
シャリシャリとした食感が命のひと皿なので、
長さ太さを揃えて切り、和えたてをいただきましょう。

梨は甘味とともに、
ほどよい酸味があるタイプを選ぶといいでしょう。
やわらかすぎず、シャキシャキとした食感のものを。

材料（2人分）

和梨…1個

セロリ…1本

梅酢…大さじ1と1/2

※なければ林檎酢大さじ1と1/2
＋塩小さじ1/3で代用

作り方

1 梨は皮をむいて細切りにし、さっと水にさらし、キッチンペーパーで水けを拭く。

2 セロリは筋を取り、5cm長さに切り、縦に細切りにする。さっと水にさらし、キッチンペーパーで水けを拭く。

3 ボウルに**1**、**2**、梅酢を入れ、和える。

菊花と切り干し大根の和えもの

乾物なので一年中手に入る切り干し大根ですが
新物が出回るのは、秋から冬にかけて。
水で戻したままで食べると、コリコリとした食感が立ちます。
秋ならではの食材・菊花と和えて、箸休めにぴったりな一品に。

材料（2人分）

切り干し大根…30g
菊花…5個
酢…大さじ1
A［ナンプラー…小さじ2
　 黒酢…大さじ1
白炒りごま…小さじ1

作り方

1 菊花は花びらを摘み取り、さっと洗う。

2 切り干し大根は軽くもみ洗いしてから、たっぷりの水に6分ほどひたして戻し、水けを絞る。

3 酢を加えた湯に**1**を入れ、ひと煮立ちさせてざるに上げ、冷水にとり、水けをしっかり絞る。

4 ボウルに**2**、**3**、**A**を入れて和え、白炒りごまをふる。

菊花はゆですぎると苦くなってしまうので、火入れは短時間で。お湯に酢を入れると、色鮮やかに仕上がります。

秋鮭といくらのおろし和え

鮭といくら、秋らしい親子素材を大根おろしと和えました。新鮮な生筋子が手に入ったら、いくらのしょうゆ漬けを手作りするとご馳走ですが、市販品でも充分美味しい。わが家では、このままご飯にのっけて食べたりもします。

材料（2人分）
- 生鮭…1切れ
- いくらのしょうゆ漬け…大さじ3
- 大根…250g
- すだち…1個
- 塩…小さじ1/4
- 薄口しょうゆ…小さじ1/2

作り方

1 鮭は塩をふり、10分ほど置いて、出てきた水けをキッチンペーパーで拭く。

2 魚焼きグリルに**1**を入れ、焼き目がつくまで8分ほど焼く。温かいうちに皮を取りのぞき、粗めにほぐす。

3 大根はすりおろし、水けを軽く絞る。すだちは半月の薄切りにする。

4 ボウルに粗熱がとれた**2**、**3**、いくらのしょうゆ漬け、薄口しょうゆを入れ、さっと和える。

じゃが芋とマッシュルームのパルミジャーノ和え

春と秋、年に2回旬があるじゃが芋。秋のじゃが芋は皮が厚く、
甘味やうま味がしっかり立っているのが特徴です。
高知県・仁淀《によど》川町で育った
美味しいマッシュルームを食べたのをきっかけに
火を入れず、フレッシュな状態で食べることが多くなりました。
カットしたそばからどんどん変色していくので、
できたて、和えたてを食べるようにしてください。

切り口が変色しているもの、
表面に傷があるものを避け、
笠が開ききっていないものを選んで。
水で洗うと風味や食感が失われるので、
キッチンペーパーで
汚れを拭き取ります。

じゃが芋は蒸すことで
水っぽくならず、
栄養やうま味も逃げません。
フォークで割ると、
断面が不揃いになり、
食感が楽しめます。

材料（2〜3人分）
じゃが芋…3個
マッシュルーム…5個
パルミジャーノレッジャーノ…30g
白ワイン…50㎖
オリーブオイル…大さじ2
塩…少々

作り方

1 じゃが芋はよく洗い、皮つきのまま白ワインをふり、蒸気の立った蒸し器でやわらかくなるまで20分ほど蒸す。フォークで食べやすく割る。

2 マッシュルームは、キッチンペーパーで汚れを拭き、薄切りにする。

3 器に**1**、**2**を盛り、薄切りにしたパルミジャーノをのせ、オリーブオイル、塩をまわしかけ、和えながら食べる。

半分をさわやかなラ・フランス（左）、
もう半分を濃厚なル・レクチェ（右）という風に、
2種類の洋梨を使うと、さらに贅沢な一品に。

洋梨と生ハムのカルダモン和え

追熟して食べごろになると、甘い香りが強くなってくる洋梨。トロリとした舌触りと、瑞々しく濃厚な甘味が魅力。バートレットにマルゲリット・マリーラ、ル・レクチェなど最近は、さまざまな品種が手に入るようになりました。生ハムの塩けとカルダモンの清涼な香りを加えて、白ワインのお供にもぴったりなひと皿に。オリーブオイルをたっぷりふりかけ、味わいをまとめます。

材料（2人分）

洋梨…1個
生ハム…80g
カルダモン…8粒
レモン汁…大さじ1
塩…少々
オリーブオイル…大さじ2

作り方

1 洋梨は皮をむいて芯を取りのぞき、4cm角の大きさに切り、レモン汁をふりかける。
2 生ハムは手で食べやすい大きさにちぎる。
3 カルダモンは包丁の腹で軽くつぶす。
4 ボウルに**1**、**2**、**3**、塩を入れてさっと和え、オリーブオイルを加えてさらに和える。

カルダモンは包丁でつぶし、
中の黒い種を取り出し、
種とさや両方を加えて和えて。
種の香りが特に強いので、
こちらも包丁で軽くつぶしておくと、
より香りを楽しめます。

無《い》花《ち》果《じく》とモッツァレラのレモン和え

ぷちぷちとした食感とコクのある甘味の無花果は塩味やオイルとの相性がとてもよく、和えもの向きのくだものだと思います。初夏に出回る夏果、秋に出回る秋果と、2度の旬があり最近は手に入る品種も増えてきました。モッツァレラとの和えものは、非常にシンプルな材料ですがお客さまに必ず喜ばれるひと皿です。

材料（2〜3人分）

無花果…3個

モッツァレラチーズ…1個（200g）

A
- レモン汁…大さじ1
- レモン（半月の薄切り／ノーワックス）…1/2個分
- 塩…小さじ1/3

オリーブオイル…大さじ2

作り方

1 無花果はキッチンペーパーでやさしく汚れを拭き、6等分のくし形に切る。

2 モッツァレラは手で食べやすくちぎる。

3 ボウルに**1**、**2**、**A**を入れてさっと和え、オリーブオイルを加えてさらにさっと和える。器に盛り、塩少々（分量外）をふる。

無花果は少し固めのものを選んだほうが、きれいにカットできます。手に入りやすい桝井ドーフィンはもちろん、黒無花果などで作っても美味しいです。

イタリアのカンパニア州が原産のフレッシュチーズ、モッツァレラ。クセがなく、弾力のある食感が特徴で、手でちぎると、調味料とのなじみがよくなります。

白いんげんと烏《い》賊《か》の和えもの

お米のように豆にも「新物」があって、
新豆の季節は、秋から冬にかけて。
新しいほうが水分が多く、
フレッシュな味わいをしています。
白あんの原料ともなる白いんげん豆は、
ほっくりとしたおだやかな甘味が魅力。
やはり甘味が美味しいいかと合わせ、
白い和えものにしてみました。

材料（作りやすい分量）
白いんげん豆（乾燥）…1カップ
いか（槍いか、するめいかなど）…2杯
紫玉ねぎ…1/2個
セロリの葉…3枚
白ワイン…大さじ2
塩…ひとつまみ
A ナンプラー…大さじ1
　レモン汁…大さじ2
オリーブオイル…大さじ2
粗挽き黒こしょう…少々

作り方

1 白いんげん豆はたっぷりの水にひと晩ひたして戻し、水を捨て、鍋に入れる。白ワイン大さじ1とかぶるくらいの水、塩を加えて中火にかける。煮立ったら弱めの中火にし、豆がやわらかくなるまで30分ほどゆで、ざるに上げる。

2 紫玉ねぎはみじん切りにして水に3分ほどさらし、水けをきり、キッチンペーパーで拭く。

3 いかはげそ、皮、はらわた、軟骨などを取りのぞき、7〜8㎜幅の筒切りにする。

4 鍋に湯を沸かし、残りの白ワインを加え弱火にし、**3**を40秒ほどゆでて火を止め、湯につけたまま冷ます。

5 ボウルに**1**、**2**、水けをきった**4**、**A**を入れて和える。細切りにしたセロリの葉、オリーブオイルを加えてさっと和え、器に盛り、こしょうをふる。

いかはボコボコと煮立たせると
身が固くなってしまうので、
弱火にして沈めるようにして、
やさしく火を入れます。
刺身でも食べられるので、
あまり神経質にならなくても大丈夫です。

揚げさつま芋の黒ごま和え

ホクホクのさつま芋を揚げ、甘辛味の調味料をからめた
どこか懐かしい「大学芋」風の和えものです。
さつま芋は冷たい油からじっくり揚げるようにすると
外はカリッと、中はほっくり仕上がります。

材料（2〜3人分）
さつま芋…1本（400g）
黒炒りごま…大さじ2
揚げ油…適量
A ［みりん…大さじ2
　 しょうゆ…大さじ2

作り方

1 さつま芋は長さを3等分に切り、縦に2㎝角の棒状に切る。水にさっとさらし、キッチンペーパーで水けを拭く。

2 鍋に揚げ油と**1**を入れ、中火にかける。時々混ぜながら、さつま芋がやわらかくなるまで8分ほど揚げる。

3 フライパンに黒炒りごまを入れて軽く炒り、**A**を加えてひと煮立ちさせる。

4 油をしっかりきった**2**を加え、和える。

かぼちゃとドライトマトのビネガー和え

かぼちゃは夏に収穫されますが、2〜3か月貯蔵し、ほどよく水分が抜けた秋に、美味しい食べごろを迎えます。煮るのではなく、蒸すことで味が凝縮され、うま味もアップ。ドライトマトは細かく刻んで調味料的に加え、玉ねぎやパセリとともに、かぼちゃのアクセントに。ディップ感覚で楽しめる、洋風和えものです。

材料（2〜3人分）

かぼちゃ…300g

ドライトマト…4個

玉ねぎ…1/2個

A
- 白ワインビネガー…大さじ2
- 塩…小さじ1/3

B
- パセリ（みじん切り）…大さじ1
- オリーブオイル…大さじ2

粗挽き黒こしょう…少々

作り方

1 かぼちゃは皮をところどころむいて3cm角に切り、蒸気の立った蒸し器に入れてやわらかくなるまで8分ほど蒸す。温かいうちにフォークでつぶす。

2 玉ねぎはみじん切りにして水に5分ほどさらし、水けをきり、キッチンペーパーで拭く。

3 ドライトマトは粗みじん切りにする。固いものはぬるま湯に5分ほどひたし、水けをきり、粗みじん切りにする。

4 ボウルに**1**、**2**、**3**、**A**を加えて和え、**B**を加えさっと混ぜる。器に盛り、こしょうをふる。好みでクラッカーを添える。

小松菜と厚揚げのピーナッツ和え

小松菜と厚揚げの組み合わせは定番ですが
ピーナッツバターを使った
エスニック風な味つけで
新鮮な和えものにしてみました。
この料理には、小松菜は
やや細めのタイプがおすすめです。

材料（2～3人分）
小松菜…100g
厚揚げ…1枚
塩…ひとつまみ
A
- ピーナッツバター（無糖）…大さじ3
- ナンプラー…大さじ1
- レモン汁…大さじ1
- 水…大さじ1

作り方

1 小松菜はよく洗い、塩を加えた湯で1分30秒ほどゆでて水にとり、しっかり水けをきり、食べやすい長さに切る。

2 厚揚げは魚焼きグリルまたはトースターで3～4分焼き、1㎝幅の棒状に切る。

3 ボウルに**A**を入れてよく混ぜ、**1**を加えて和える。よくなじんだら**2**を加え、さっと和える。

牛蒡《ごぼう》としょうがのナンプラー和え

この料理はとにかく牛蒡を、細く繊細に切るのがコツ。かみしめると口の中に、牛蒡の土っぽい香りとしょうがのさわやかな風味がふわりと広がりシンプルでありながら、余韻の残るひと皿です。

材料（2人分）
牛蒡…1本
しょうが…2片
酒…大さじ1
A
ナンプラー…小さじ2
黒酢…小さじ1
白炒りごま…適量

作り方
1 牛蒡はたわしで洗い、斜め薄切りにしたあと、細切りにする。水に3分ほどさらし、水けをきる。しょうがは皮をむき、せん切りにする。
2 鍋に湯を沸かして酒を加え、牛蒡を入れて5分ほどゆでる。しょうがを加え、さらに30秒ほどゆで、ざるに上げる。しっかり水けをきり、キッチンペーパーで拭く。
3 ボウルに**2**、**A**を入れ、和える。

冬の和えもの

冬野菜が甘くて美味しいのは、寒さの中で凍ることがないよう細胞に糖分をため込むためなのだとか。

そしてこの時季に旬を迎える素材たちは、口にする生きものの体を守るために、栄養価も増しているのだそう。

改めて自然の営みのありがたさに、感じ入る季節です。

そんな時季の和えものは、やはりほっとする味わいがうれしい。

おもてなしにもぴったりなメニューも紹介します。

わかさぎと長ねぎの柚子こしょう和え

「冬釣り」が風物詩にもなっているわかさぎは、
骨もやわらかく、まるごと食べられるのが嬉しい素材です。
高温でさっと揚げた長ねぎとともに和え、
さわやかな柚子こしょうをアクセントにしました。
さまざまな料理で年中活躍する長ねぎも、
冬になると甘味が増し、
素揚げにすると新鮮な味わいが楽しめます。

材料（2～3人分）
わかさぎ…250g
長ねぎ…1本
薄力粉…大さじ1と1/2
A［柚子こしょう…小さじ1
　黒酢…大さじ1
揚げ油…適量

作り方

1 わかさぎはキッチンペーパーで表面の水けを拭き、薄力粉をまぶす。長ねぎは3cm長さの筒切りにする。

2 揚げ油を170℃に熱し、長ねぎを入れて1分ほど揚げる。

3 わかさぎを加え、軽く色づくまで3分ほど揚げる。

4 ボウルに**2**、**3**を入れ、よく混ぜた**A**を加え、和える。

わかさぎは足が早い魚なので、できる限り新鮮なものを選んで。表面にツヤがあり、目が濁っていないものを。

わかさぎはカラリとしていないと美味しくないので、中温～高温の油で短時間で揚げ、揚げたてをさっと和えて作ります。

林《りん》檎《ご》と芹《せり》のホワイトバルサミコ和え

春の七草に数えられる芹は、冬から春先までが旬。

ビタミン類や鉄分、食物繊維など、高い栄養価でも知られていて、
この季節にたくさん食べておきたい素材のひとつです。

鍋料理やおひたしが有名ですが、生で食べても美味しい。

細く繊細に切った林檎と合わせ、シャキシャキとした歯ごたえも楽しい和えものにしました。

林檎は
繊維がしっかりと固く、
歯ごたえのいい
「ふじ」がおすすめ。
できるだけ幅を揃えて
細く切ると、
見た目も美しくなります。

材料（2～3人分）
林檎（ふじ）…1個
芹…1束
A ［塩…小さじ1/3
　 ホワイトバルサミコ酢…大さじ1
オリーブオイル…大さじ1

作り方

1 林檎は芯を取りのぞき、皮つきのまま細切りにする。水2カップに塩小さじ1/2（分量外）を加えた塩水にしばらくひたしてざるに上げ、キッチンペーパーで水けを拭く。

2 芹はざく切りにする。

3 ボウルに**1**、**2**、**A**を入れてさっと和え、オリーブオイルをまわしかけ、和える。

鱈《たら》とじゃが芋のバター和え

相性のよさで知られる鱈とじゃが芋の組み合わせですが和えものにして、手軽に味わうのもおすすめです。じゃが芋はフォークでざくざくと粗くつぶし、蒸したて熱々のうちに、バターをからめていただきます。バターも冬は脂肪分が高くなり、コクのある味わいを楽しめます。粒のこしょうを包丁で砕いて香りを立て、少し多めにふりかけるのがポイントです。

材料(2～3人分)
生鱈…2切れ
じゃが芋…4個
バター…20g
塩…小さじ2
粒黒こしょう…小さじ2

作り方

1 鱈は塩をまぶし、30分～1時間置き、キッチンペーパーで水りを拭く。

2 蒸気の立った蒸し器に**1**を入れ、7分ほど蒸して取り出し、フォークなどでほぐす。

3 蒸気の立った蒸し器にじゃが芋を入れて20～30分蒸し、熱いうちに皮をむき、フォークなどで粗くつぶす。

4 **2**、**3**が温かいうちにバターを加えて和え、器に盛り、包丁で粗く刻んだ粒こしょうをふる。好みでトーストを添える。

鱈は白く透明感があり、張りのあるものを選んで。塩をしっかりめにふり、臭みをきちんと取ることが美味しさの秘訣です。蒸しすぎると固くなるので、注意して。

カリフラワーとツナのハーブ和え

ツナと言えば缶詰を思い浮かべる人も多いと思いますが手作りすると食感もよく、ハーブを効かせると風味も格別に。カリフラワーは、少し歯ごたえが残る加減で蒸してください。白い食材同士を組み合わせた、冬らしい和えもの。作りたてはもちろん、冷めても美味しいです。

手作りツナは少し多めに作っておくと、サラダやサンドイッチなどにも活用できます。オイルごと保存容器に入れ、冷蔵庫で約5日保存可能。

材料（2～3人分）
カリフラワー…1/4個
めかじき…2切れ

A
- ローリエ…2枚
- 白ワイン…80㎖
- オリーブオイル…80㎖
- 塩…小さじ1

B
- レモン汁…大さじ1
- ドライハーブ（オレガノ）…小さじ1
- 塩…少々
- 粗挽き黒こしょう…少々

作り方

1 めかじきはキッチンペーパーで表面の水けを拭く。鍋に入れ、**A**を加えて中火にかける。煮立ったら弱火にし、ふたをして6分ほど蒸し煮にし、そのまま冷ます。

2 カリフラワーは小房に分け、薄切りにする。蒸気の立った蒸し器に入れ、4分ほど蒸す。

3 **1**をほぐしてボウルに入れ、**2**と和え、**1**の煮汁大さじ2、**B**を加え、さっと和える。器に盛り、こしょうをふる。

丸い小房に分けて調理することが多いカリフラワーですが、薄切りにすると新鮮な食感になりツナと食べたときのバランスもよくなります。

大根と牡蠣《かき》の柚子和え

大根と牡蠣の組み合わせは、おろし大根にするのがポピュラーですが、シャキッと歯ごたえを残した和えものにすると、また違った美味しさを楽しめます。蒸すとぷるんとした食感が際立つ牡蠣と甘さを蓄えた大根を、柚子のやさしい酸味でまとめます。

材料（2〜3人分）
牡蠣（加熱用）…200g
大根…200g
酒…大さじ1
塩…小さじ1/4
柚子果汁…大さじ1
柚子の皮（せん切り）…少々

作り方

1 牡蠣は塩大さじ1（分量外）でやさしくもみ洗いし、流水で2〜3回洗う。水けをきって、酒をふる。

2 蒸気の立った蒸し器に**1**を入れて、強火で5分ほど蒸す。

3 大根は3㎜厚さの半月切りにして塩を加え、しんなりするまでもみ、5分ほど置いて水けを絞る。

4 ボウルに汁けを切った**2**、**3**、柚子果汁、柚子の皮を入れ、和える。

里芋のゴルゴンゾーラ和え

材料（2～3人分）
里芋…5個
ゴルゴンゾーラ…60g
レモン汁…大さじ1
オリーブオイル…大さじ2
粒黒こしょう…小さじ2
レモンの皮（ノーワックス）…少々

作り方

1 里芋は蒸気の立った蒸し器に入れ、12～15分蒸す。熱いうちに皮をむき、フォークなどで粗くつぶす。

2 ボウルに**1**、手でちぎったゴルゴンゾーラ、レモン汁を入れ、和える。

3 器に盛り、オリーブオイルをまわしかけ、包丁で粗く刻んだ粒こしょう、すりおろしたレモンの皮をふる。

真冬に旬を迎える里芋は、むっちりとしながら瑞々しく、蒸すことで美味しさが凝縮されます。ブルーチーズの塩けを味つけに活用してレモンの酸味と香りをアクセントに。ワインのお供にもぴったりな一品です。

文旦とセロリの和えもの

さっぱりとしたさわやかな甘さと、独特のほろ苦さ。冬の柑橘の中でも、特にお気に入りの文旦。オイルとの相性がとてもいい果実なので、この時季の和えものには、重宝します。清涼感のあるセロリと合わせ、和えたてをどうぞ。

材料（作りやすい分量）
文旦…1個
セロリ…1本
セロリの葉…1本分
しょうが（せん切り）…1片分
塩…小さじ1/3
白ワインビネガー…大さじ1
オリーブオイル…大さじ2

作り方

1 文旦は皮と薄皮をむき、食べやすい大きさにほぐす。セロリは筋を取り、斜め薄切りにする。セロリの葉は細切りにする。

2 セロリ、セロリの葉に塩を加え、しんなりするまでもんで5分ほど置き、水けを絞る。

3 ボウルに文旦、**2**、しょうが、白ワインビネガーを入れ、和える。オリーブオイルを加え、さっと和える。

百《ゆ》合《り》根《ね》と黒豆のシロップ和え

黒豆と言えば、おせち料理の定番ですが
いつもの味に飽きたときは、こんなひと皿はいかがでしょう。
旬の百合根と組み合わせた「甘い和えもの」です。
百合根は茶色い部分を丁寧に取りのぞくと、美しく仕上がります。
コアントローを効かせて、少し大人っぽい味わいに。

材料（作りやすい分量）

百合根…1個
黒豆…100g

A
- グラニュー糖…100g
- 水…1カップ
- コアントロー…大さじ1

作り方

1 黒豆はさっと洗い、かぶるくらいの水に6時間ほどひたす。

2 蒸気の立った蒸し器に**1**を入れ、30〜40分蒸す。

3 小鍋に**A**を入れて中火でひと煮立ちさせ、**2**をひたし、ひと晩置く。

4 百合根は1枚ずつはがして流水で汚れを洗い、蒸気の立った蒸し器に入れ、5分ほど蒸す。**3**と和え、なじませる。

揚げ鰤《ぶり》と金柑の香り和え

厳しい寒さの中で脂を蓄え、身が引き締まった鰤は、「寒鰤」の呼び名でもおなじみです。

台湾では魚介料理のアクセントによく五香粉《ウーシャンフェン》を使うので、それをお手本に、甘酸っぱい金柑と合わせてみました。

「鰤と金柑？」と驚かれるのですが、これがよく合うのです。香菜やしょうがといった薬味が、いい役割を果たしてくれます。

材料（2〜3人分）
鰤…2切れ
金柑…8個
香菜…6本
塩…小さじ1/2
五香粉…小さじ2/3
片栗粉…大さじ2
A［しょうゆ…大さじ1
　黒酢…大さじ1
揚げ油…適量

作り方

1 鰤は3〜4等分に切り、塩をふって10分ほど置く。キッチンペーパーで出てきた水けを拭き、五香粉をふってなじませ、片栗粉をまぶす。

2 金柑は4等分に切り、種を取りのぞく。香菜はざく切りにする。

3 揚げ油を170℃に熱し、**1**を入れ、こんがりと色づくまで4〜5分揚げる。

4 ボウルに**3**、金柑、**A**を入れて和え、香菜を加え、さっと和える。

鰤は養殖もさかんですが、できれば天然ものを。血合いの色が鮮やかで、黒ずんでいないもの、ツヤのあるものを選びましょう。

皮ごと食べられる金柑は、ビタミンCの宝庫。枝のついていたヘタの部分を楊枝などで取りのぞき、包丁で半分に切り、刃先で中の種も取りのぞきます。

トレビスとキヌアのレモンタブレ

「ラディッキオ」「赤チコリー」などとも呼ばれるトレビス。最近は冬に、国産ものがよく出回るようになりました。独特のほろ苦さがあり、手でちぎると食感もよくなります。「雑穀は使い方が分からない」という声をよく聞きますが、食感が楽しく、調味料とのなじみもいいので、和えものにおすすめ。塩けはアンチョビのみ、レモンを効かせて仕上げます。

見た目は紫キャベツと似てますが、チコリーの仲間であるトレビス。葉先まで元気で、切り口が変色していない新鮮なものを選びましょう。

スーパーフードとしても知られるキヌアは、ビタミンやミネラル類、食物繊維など栄養の宝庫。20分ほどゆでで、半透明になればゆで上がりのサインです。

材料（2〜3人分）
トレビス…1/3個
キヌア（ゆでたもの）…1/2カップ
玉ねぎ…1/3個
アンチョビフィレ…4枚
レモン（薄切り／ノーワックス）…5枚
レモン汁…大さじ2
オリーブオイル…大さじ2
粗挽き黒こしょう…少々

作り方

1 トレビスは手で食べやすい大きさにちぎる。玉ねぎはみじん切りにして水に5分ほどさらし、キッチンペーパーで水けを拭く。アンチョビはみじん切りにする。

2 ボウルに玉ねぎ、アンチョビ、キヌア、レモン汁を入れて混ぜ、トレビス、レモンを加えてさっと和える。

3 器に**2**を盛り、オリーブオイルをまわしかけ、こしょうをふる。

九条ねぎの辛味和え

甘くて瑞々しい九条ねぎは、京都の伝統野菜のひとつ。生でもねぎ特有の辛味が少なく、美味しく食べられるのが特徴です。繊細な薄切りにすると、食感もよくなり、調味料とからみやすくなります。ご飯や麺にのっけたり、ポッサムの具材にしたりといろんな楽しみ方ができる和えものです。

材料（作りやすい分量）

九条ねぎ…6本

A
- 粗挽き赤唐辛子…小さじ2
- 黒酢…大さじ1
- 紹興酒…大さじ2
- しょうゆ…大さじ1
- ごま油…大さじ1

作り方

1 九条ねぎは根を切り落とし、斜め薄切りにする。水に5分ほどさらして水けをしっかりきり、キッチンペーパーで拭く。

2 小鍋に**A**を入れて弱火にかけ、ひと煮立ちさせる。熱々を**1**に加え、和える。

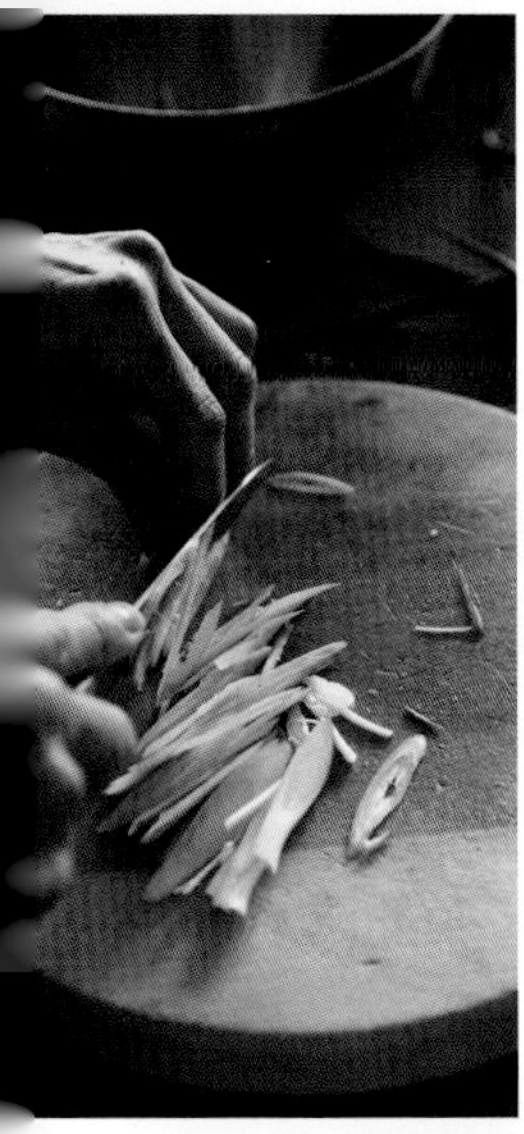

蕪《かぶ》と甘海老の甘酢和え

甘味を蓄えた冬のかぶを、やはりトロリと甘い甘海老と甘酢で和え、柚子の香りを添えました。

かぶは少し茎の部分を残して切るようにすると、見た目がよく、味わいのアクセントにもなります。

塩をして軽く水分を抜いておくことで、調味料となじみやすくなります。

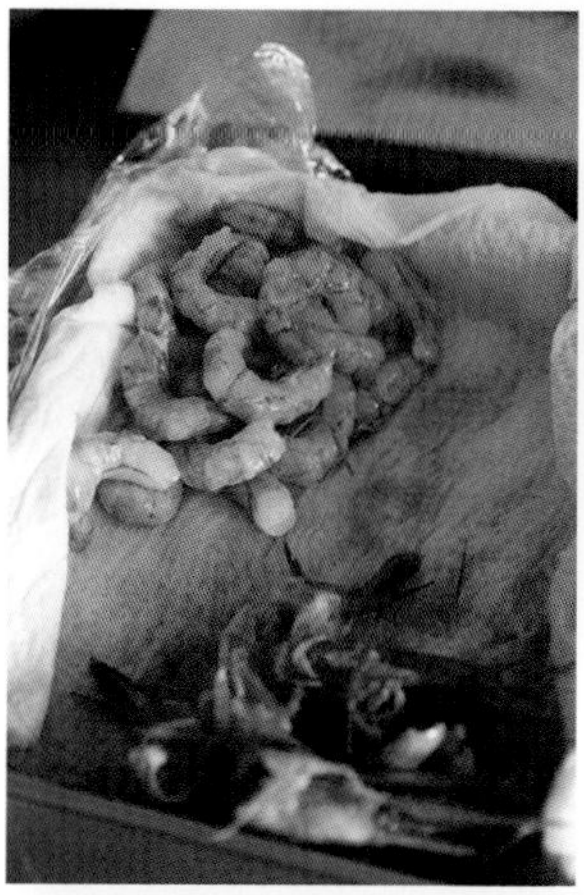

材料（2人分）
かぶ…2個
甘海老…12尾
塩…小さじ1/3
A
- 酢…大さじ1と1/2
- 砂糖…小さじ1/2
- 塩…小さじ1/3

柚子の皮（すりおろし）…適量

作り方

1 かぶは少し茎を残して7〜8㎜厚さのくし形に切り、塩をふって5分ほど置く。しんなりしたら、軽く水けを絞る。

2 甘海老は殻をむき、背ワタを取って、キッチンペーパーで水けを拭く。

3 ボウルに**A**を入れて混ぜ、**1**、**2**を加えて和え、なじませる。器に盛り、柚子の皮を散らす。

ラムとじゃが芋のクミン和え

体を温める効果があるラムを使った、冬のご馳走和えものです。
じゃが芋を蒸した同じフライパンにラムを加えることで
肉の風味がほどよくじゃが芋に移ります。
焼きすぎると固くなってしまうので、火を入れすぎないよう注意。
お皿の中でヨーグルトソースと和えながらいただきます。

材料（2～3人分）

ラムチョップ…3本
じゃが芋（小）…6個
にんにく（つぶす）…1片
ペパーミント…10g
塩…小さじ1/2
白ワイン…大さじ2

A
- プレーンヨーグルト…大さじ3
- 塩…小さじ1/4
- オリーブオイル…大さじ1

クミンパウダー…小さじ2/3

作り方

1 ラムは常温に戻し、塩をふる。じゃが芋はよく洗い、皮つきのまま半分に切る。

2 フライパンにオリーブオイル大さじ1（分量外）とにんにくを入れて中火にかけ、香りが立ったらじゃが芋を加え、表面に焼き目がつくまで焼く。

3 白ワインを加え、ふたをして弱火にし、5分ほど蒸し焼きにする。

4 中火に戻してラムを加え、表面に焼き目をつける。裏返して、弱めの中火で4分ほど焼く。ラムは骨を落とし、食べやすい大きさに切る。

5 ミントは洗って水けを拭き、合わせた**A**と和える。

6 器に**4**を盛り、**5**を添えてクミンパウダーをふる。

蟹と白菜の橙《だいだい》和え

蟹のうま味と白菜の甘味を楽しむ、冬らしいひと皿。
酸味が強く苦味もある橙は、生食には向きませんが
まろやかな酸味の果汁は、この時季の調味料として格別です。
白菜を始めとした冬野菜は水分が多いので、
しっかり水けを絞ることが、美味しい和えものにするコツです。

材料（作りやすい分量）

ずわい蟹（ゆでたもの／ほぐす）…80g
白菜…200g
塩…小さじ1/2
A［橙果汁…大さじ2
　薄口しょうゆ…小さじ1/2］
黒炒りごま…少々

作り方

1 白菜は繊維を断ち切るように横に1cm幅に切り、塩を加えてしんなりするまでもみ、5分ほど置く。出てきた水けをしっかり絞る。

2 ボウルにずわい蟹を入れて**A**を加え、なじませる。

3 **1**を加えて和え、器に盛り、黒炒りごまをふる。

ブロッコリーとアボカドの香菜和え

一年中手に入るブロッコリーですが、
最も美味しい旬の時期は晩秋から春先にかけて。
歯ごたえを残す加減でゆでたブロッコリーを
粗く刻み、和え衣のように使った一品です。
一方でアボカドは、ちょっと大きめにゴロンと切ると
バランスがよくなります。

材料（2～3人分）
ブロッコリー…1/2個
アボカド…1個
香菜…80g
塩…小さじ1/4

A
ナンプラー…小さじ1
黒酢…大さじ1

B
ごま油…大さじ1
白炒りごま…小さじ2

作り方

1 ブロッコリーは小房に分け、塩を加えた湯で2分ほどゆでてざるに上げる。粗熱をとり、粗く刻む。

2 アボカドは皮をむいて種を取り、2cm角に切る。香菜は7～8mm長さに切る。

3 ボウルに**1**、**2**、**A**を入れてさっと和え、**B**を加え、さらにさっと和える。

ほうれん草と帆立の白味噌和え

ほうれん草は冬野菜。年末から新年にかけて、色濃く甘味がしっかり強いものが、たくさん出回ります。こっくりと甘い白味噌で和えた、冬らしい和えもの。仕上げに粉山椒をふると、味がキリッと締まります。

材料（2～3人分）

ほうれん草…1把

帆立（刺身用）…6個

塩…小さじ1/3

A
- 白味噌…大さじ2
- しょうゆ…小さじ1
- 酢…小さじ1/2

粉山椒…適量

作り方

1 ほうれん草は塩少々（分量外）を加えた湯で1分ほどゆでて冷水にとり、水けをしっかり絞り、3㎝長さに切る。

2 帆立はキッチンペーパーで水けを拭き、塩をふって30分ほど冷蔵庫に置く。出てきた水けを拭き、そぎ切りにする。

3 ボウルに**A**を入れてよく混ぜ、**1**、**2**を加えて和える。器に盛り、粉山椒をふる。

和えものに おすすめの調味料

この本で使用した、私が愛用する調味料をご紹介します。
同じものが手に入らなくても、
ご自分が使い慣れたもので大丈夫ですが、
素材が主役の和えものなので、
調味料自体が主張しすぎないものがおすすめです。

1 塩

塩味をつけるだけでなく、素材から水分を抜いたり、臭みを取りのぞいたりと料理に欠かせない塩。精製塩ではなく、ミネラルがふんだんに含まれた自然塩を使いましょう。私は和食には沖縄の「粟國《あぐに》の塩」、洋食にはフランスのゲランドの塩を使うことが多いです。

2 ナンプラー

タイの代表的な調味料で、片口鰯《かたくちいわし》を発酵・熟成させた魚醤のこと。塩分とともにうま味も加えられ、エスニック風の味つけ以外にも幅広く活用できます。秤のマークが目印の「トラチャン」のナンプラーは価格も手ごろで、手に入りやすいです。

3 しょうゆ

アミノ酸など材料に余計なものが入らず、昔ながらの製法で時間をかけて熟成させたしょうゆがおすすめです。奥出雲町「森田醤油」の「国産丸大豆さいしこみ醤油 三年熟成醤油」は国産丸大豆、国産小麦、天日塩を原料に、木桶で熟成させた無添加のしょうゆです。

4 酢

和食に使うことが多い米酢。酸味がツンと強いものよりも、まろやかな味わいのものがおすすめです。京都「村山造酢」の「千鳥酢」は、厳選された国産米を使用し、時間をかけて熟成された米酢。刺激の少ない丸みのある酸味で、素材の風味を生かしてくれます。

5 黒酢

「香酢《こうず》」と呼ばれる中国産の黒酢ではなく、米と米麹、水で造られる日本の黒酢を使います。「坂元醸造」の「鹿児島の黒酢」は、陶製の壺の中でじっくり時間をかけて熟成され、甘味やうま味が強いのが特徴。料理の味がピタリと決まるので、手放せない存在です。

6 バルサミコ酢

赤ぶどうの濃縮果汁を原料に、長期の樽熟成で造られるイタリアの果実酢。ホワイトバルサミコ酢は白ぶどう、比較的短期の熟成です。「バルサメーラ」は、林檎果汁をバルサミコ酢の製法で仕上げた調味料で、キレのいい甘味と酸味のバランスが絶妙です。

7 白ワインビネガー

白ワインを酢酸発酵させて造った果実酢のこと。フルーティな風味が魅力で、洋風の和えものにすっきりとした酸味が欲しいときに使います。「マイユ」の「白ワインビネガー」は手に入りやすく、原料のワインの香りが生かされ、さわやかでバランスのいい味わいです。

8 ごま油

和風の和えものの油は、ごま油を使っています。「九鬼産業」の「ヤマシチ純正胡麻油」は香りと味のバランスがよく、手に入りやすいのが嬉しい一品。和えもので油を使うときは、酸化していないものを選ぶことが大切で、小サイズをこまめに使い切るのがおすすめです。

9 オリーブオイル

洋風の和えものの油は、エクストラバージンオリーブオイルを使います。あまり風味が強すぎない、やわらかな味わいのものを選びましょう。「ヴィラブランカ オーガニック エクストラバージンオリーブオイル」は、フレッシュな香りとやさしい味わいが特徴です。

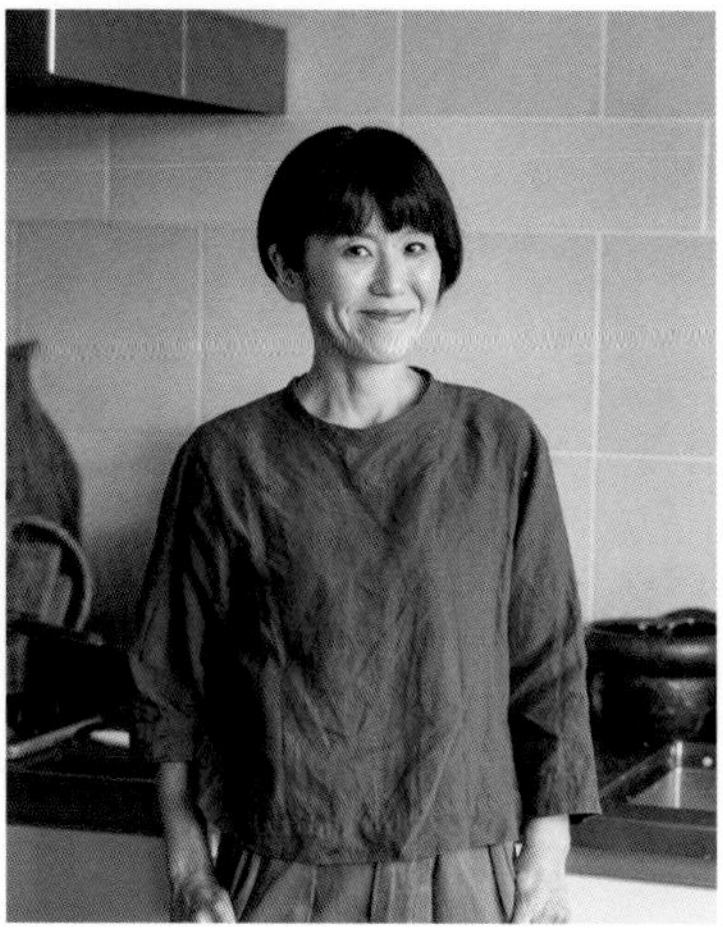

ワタナベマキ

料理家。季節を大事にした作りやすいレシピに定評があり、雑誌や広告等で活躍。元グラフィックデザイナーならではの色彩豊かでデザイン性の高い盛り付け、スタイリングに加え、ファッションや暮らしなどのライフスタイルにもファンが多い。近著に『旬菜ごよみ365日』『玉ねぎ×ワタナベマキ＝だし・うまみ』（小社）、『鉄分ごはん』『冷凍保存ですぐできる絶品おかず』（家の光協会）、『蒸しレシピ』（学研プラス）など。

maki-watanabe.com/lesson
Instagram @maki_watanabe

写真　新居明子
ブックデザイン　渡部浩美
スタイリング　佐々木カナコ
編集　田中のり子
校正　麦秋アートセンター
プリンティングディレクション　江澤友幸（大日本印刷）

和《あ》えもの 春《しゅん》夏《か》秋冬《しゅうとう》

旬《しゅん》だからこそ手《て》をかけないおいしさがある

2021年9月17日　発　行　　NDC596

著　　者　ワタナベマキ
発 行 者　小川雄一
発 行 所　株式会社 誠文堂新光社
〒113-0033 東京都文京区本郷3-3-11
電話 03-5800-5780
https://www.seibundo-shinkosha.net/
印刷・製本　大日本印刷 株式会社

ISBN978-4-416-52181-6